扬州画舫录

YANGZHOU HUAFANG LU

〔清〕李　斗◎著

光明日报出版社

图书在版编目（CIP）数据

扬州画舫录 /（清）李斗著 . -- 北京：光明日报出版社，2014.5（2024.3 重印）

（光明岛）

ISBN 978-7-5112-6296-7

Ⅰ.①扬… Ⅱ.①李… Ⅲ.①笔记—中国—清代—选集②扬州市—地方志—史料—清代 Ⅳ.① K249.066② K295.33

中国版本图书馆 CIP 数据核字（2014）第 069581 号

扬州画舫录

YANGZHOU HUAFANG LU

著 者：〔清〕李 斗			
责任编辑：阴海燕		责任校对：王腾达	
封面设计：博文斯创		责任印制：曹 净	

出版发行：光明日报出版社

地　　址：北京市西城区永安路 106 号，100050

电　　话：010-67022197（咨询），67078870（发行），67019571（邮购）

传　　真：010-67078227，67078255

网　　址：http://book.gmw.cn

E - mail ：lijuan@gmw.cn

法律顾问：北京德恒律师事务所龚柳方律师

印　　刷：北京一鑫印务有限责任公司

装　　订：北京一鑫印务有限责任公司

本书如有破损、缺页、装订错误，请与本社联系调换，电话：010-67019571

开　　本：150mm×220mm　　　　　　印　张：12

字　　数：150 千字

版　　次：2014 年 5 月第 1 版

印　　次：2024 年 3 月第 4 次印刷

书　　号：ISBN 978-7-5112-6296-7

定　　价：29.80 元

目 录

卷一　草河录上

扬州御道

扬州御道^①，自北桥始。乾隆辛未、丁丑、壬午、乙酉、庚子、甲辰，上六巡江浙^②，江南总督恭纪典章，渤^③之成书，谨名《南巡盛典》^④。内载向导统领努三、兆惠奏自直隶厂登舟，过淮安府，阅看高邮东地南关、车络坝等处河道堤工，拢扬州平山堂，渡扬子江至金山，三百七十七里，分为八站，此江北地也。又自崇家湾，三里腰铺，九里竹林寺，四里昭关坝，七里邵伯镇，三里六闸，二里金湾坝，一里金湾新滚坝，二里西湾坝，六里凤凰桥，七里壁虎桥，三里湾头闸，由北桥七里香阜寺御道，旱路八里天宁寺行宫^⑤，计程六十二里，此扬州水程一站也。《盛典》载御制诗云："清晨解缆发秦邮，落照维扬驻御舟。"谓此。自天宁寺行宫入天宁门，出钞关马头登舟，四里文峰寺，四里九龙桥，八里高旻寺行宫，计十六里，此水程第二站也。自高旻寺行宫，十六里锦春园，一里陈家湾，一里由闸，五里江口，计程二十三里，此水程第三站也。

【注释】

① 御道：供皇帝车马通行的道路。

② 六巡江浙：于乾隆十六年（1751）、二十二年（1757）、二十七

（1762）、三十年（1765）、四十五年（1780）、四十九年（1784），乾隆皇帝六下江南，每次都临幸扬州。

③泐（lè）：通"勒"，刻印。

④《南巡盛典》：清大学士、两江总督高晋等撰，成书于乾隆三十五年（1770），记载了乾隆前四次南巡的情况。

⑤行宫：帝王出行时临时居住的宫室。

又云：徐家渡至直隶厂，由小五台至平山堂、高旻寺等处，由钱家港至江宁府，由苏州至灵岩、邓尉等处，由杭州至西湖，由绍兴至禹陵、南镇等处，俱系旱路①。盖江南皆水程，其由小五台至平山堂、高旻寺等处旱路者，乃由于十六年天宁寺未建行宫，香阜寺皆设大营，由香阜寺入天宁门出钞关马头，此一段为旱路，即今之北桥御道也。由陆路至江南清江浦为水程，御舟向例在清江浦，仓场侍郎及坐粮厅司之舟，名安福舻、翔凤艇、湖船、扑拉船，皆所谓大船也。其余上用船只，装载什用等物及随从官兵船，例给票监放。御舟前派御前侍卫、乾清门侍卫各二员，前引船只派两对出两边行走，船旁令一人骑马在河路行走，以备差遣。拉船帮纤侍卫四员、四副撒袋②，令在拉帮纤侍卫后行走。纤手用河兵沙飞、马溜③，添纤④用州县民壮盐快；不敷，雇民夫。陛跸御舟，凡御前大臣、侍卫内大臣、军机大臣、御前侍卫、乾清门侍卫船，及载御马船，上驷院侍卫官员、批本奏事、军机处、侍卫处、内阁兵部官员船，以有事承办，俱在前行走。两岸支港汊河、桥头村口，各安卡兵，禁民舟出入。纤道每里安设围站兵丁三名，令村镇民妇跪伏瞻仰，于应回避时，令男子退出村内，不禁妇女。

【注释】

① 旱路：陆路。

② 撒袋：放置弓箭的袋子。

③ 沙飞、马溜：两种快船的名称。

④ 添纤：纤手的替补人员。

乾隆南巡路线

乾隆辛未、丁丑南巡，皆自崇家湾一站至香阜寺，由香阜寺一站至塔湾[①]，其蜀冈三峰及黄、江、程、洪、张、汪、周、王、闵、吴、徐、鲍、田、郑、巴、余、罗、尉诸园亭，或便道，或于塔湾纤道临幸。此圣祖南巡例也。后增天宁寺行宫，香阜寺大营遂改坐落[②]。迨乙酉上方寺建坐落，方于北桥设御马头，至此策马由御道幸上方寺。其马头例铺棕毯，奉谕不准红黄等毡。御道用文砖[③]。亚次[④]，暂用石工，余照二十二年定例，用土铺垫。此即至上方寺。过运河东岸香阜寺，复过运河西岸高桥、梅花岭、天宁门、天宁街、彩衣街、司前三铺、教场、辕门桥、多子街、埂子上，出钞关、花觉行，至钞关马头御道也。道旁或搭彩棚，或陈水嬉[⑤]，共达呼嵩诚悃[⑥]，所过皆然。乾隆乙酉，游上方寺，万民随马足趋瞻，或有践踏麦苗者，御制诗云："马足纷随定何碍，躏蹂惟惜麦苗芒。"谓此。

【注释】

① 塔湾：即今扬州城南的宝塔湾，此处建有塔湾行宫，因其在高旻寺天中塔旁得名。当地的官员、盐商多于此处接驾或接受召见。

② 坐落:驻扎的地方。

③ 文砖:彩色的砖。

④ 亚次:依次排列。

⑤ 水嬉:水上游戏。

⑥ 呼嵩:对君主祝颂。典出《汉书·武帝纪》:元封元年(前 110)汉武帝登临嵩高山,吏卒都听到三次高呼万岁的声音。后来便用"呼嵩"表示臣下祝颂皇上。诚悃:诚心诚意。

禅智寺

"竹西芳径"在蜀冈上,冈势至此渐平。《嘉靖志》所谓"蜀冈迤逦,正东北四十余里,至湾头官河水际而微之处也",上方禅智寺①在其上。门中建大殿,左右庑序翼张,后为僧楼,即正觉旧址。左序通芍药圃,圃前有门。门内五楹,中为甬路,夹植槐榆,上为厅事三楹。左接长廊,壁间嵌三绝碑,为吴道子画宝志公像、李太白赞、颜鲁公书②,后有赵子昂跋③,岁久石泐,明僧本初重刻;又苏文忠公《次伯固韵送李孝博》诗石刻④。廊外有吕祖照面池,由池入圃,圃前有泉在石隙,《志》曰蜀井,今曰第一泉。寺有八景,在寺外者:月明桥一,竹西亭二,昆丘台三;在寺内者:三绝碑一,苏诗二,照面池三,蜀井四,芍药圃五。

【注释】

① 上方禅智寺:即禅智寺,又名上方寺、竹西寺,在扬州城东北五里处。原为隋炀帝行宫,后改建为寺。

② 吴道子:唐代画家,以画佛像闻名。后世尊称为"画圣"。宝志公:

宝志禅师，亦称保志，南北朝齐、梁时高僧。颜鲁公：即颜真卿，唐代著名书法家。与赵孟頫、柳公权、欧阳询并称"楷书四大家"。

③ 赵子昂：即赵孟頫，元代著名书画家、诗人。

④ 苏文忠公：即苏轼。其诗全名为《次韵苏伯固游蜀冈送李孝博奉使岭表》，诗全文："新苗未没鹤，老叶初翳蝉。绿渠浸麻水，白板烧松烟。笑窥有红颊，醉卧皆华颠。家家机杼鸣，树树梨枣悬。野无佩犊子，府有骑鹤仙。观风峤南使，出相山东贤。渡江吊狠石，过岭酌贪泉。与君步徒倚，望彼修连娟。愿及南枝谢，早随北雁翩。归来春酒熟，共看山樱然。"

邗沟大王庙

邗沟大王庙在官河旁，正位为吴王夫差①像，副位为汉吴王濞②像。《左传·哀公九年》："秋，吴城邗沟通江、淮。"此今之运河自江入淮之道也。自茱萸湾通海陵、如皋、蟠溪，此吴王濞所开之河，今运盐道也。运道在《左传》称邗沟，《国语》称深沟，《吴越春秋》称为渠，《水经注》称韩江，汉晋间称漕渠，或曰合渎渠，或曰山阳浊，隋称山阳渎，郡志称山阳沟。河名不一，徙复无常，郡县志乘，载而弗详。今按庙前之河，即唐宝历二年盐铁使王播③奏，自城南阊门西七里港向东屈曲，取禅智寺桥，通旧官河，开凿一十九里之河也。是庙灵异，殿前石炉无顶，以香投之，即成灰烬。炉下一水窍，天雨积水不竭，有沙涨起水中，色如银。康熙间，居人辄借沙淘银，许愿缴还，乃获银。后借众还少，沙渐隐。今则有借元宝之风，以纸为钞，借一还十，主库道士守之，酬神销除。每岁春香火不绝，谓之财神胜会。连艑④而来，爆竹振喧，箫鼓竟夜。及归，各持红灯，上籤"送子财神"四金字，相沿成习。

【注释】

① 夫差：春秋末年吴国君主,阖闾之子。

② 吴王濞：即刘濞,汉高祖刘邦兄长刘仲之子,封吴王。

③ 王播：字明扬,太原人。曾任淮南节度使等职。

④ 艑：大船。

黄金坝鱼市

　　黄金坝在府城西北。《嘉靖维扬志》谓为黄巾坝,久废。今在府城北高桥东,以蓄内河之水。土恶不能堤,故以薪代坝。上皆鱼市,郡城居江、淮之间,南则三江营,出鲥鱼①,瓜洲深港出鮆刀鱼②,北则艾陵、甓社、邵伯诸湖,产鱼尤众。由官河乘风而下,城肆贩户,于此交易。肆中一日三市,早挑、中挑、晚挑,皆沿湖诸村镇中人为之。村镇设行,渔户取鱼自行交易,挑者输于城中,其行若飞,或三四十里,多至六七十里,俄顷即至,以行之迟速分优劣。鳊鱼、白鱼、鲫鱼为上,鲤鱼、季花鱼③、青鱼、黑鱼次之,鳖鱼④、罗汉鱼为下。其苍鳊、勒鱼、红蓼鱼、鞋底鱼⑤,则自海至也。蟹自湖至者为湖蟹,自淮至者为淮蟹。淮蟹大而味淡,湖蟹小而味厚,故品蟹者以湖蟹为胜。坝上设八鲜行,八鲜者,菱、藕、芋、柿、虾、蟹、蟀蛈⑥、萝卜。鱼另有行在城内。

【注释】

① 鲥(shí)鱼：一种溯河产卵的洄游性鱼类,春季入河产卵。

② 鮆(cǐ)刀鱼：又叫鲚鱼或刀鱼,生活在近海。

③ 季花鱼：即鳜鱼,一种我国特产的淡水鱼。

6

④ 鲹（cān）鱼：一种比较小而长条形的鱼。

⑤ 鞋底鱼：即比目鱼。栖息于浅海底层。

⑥ 蚌螯（chē áo）：一种长着紫色贝壳的蛤类。

淮南鱼盐甲天下

淮南鱼盐甲天下。黄金坝为郡城鲍鱼①之肆，行有二：曰咸货，曰腌切。地居海滨，盐多人少。以盐渍鱼，纳有楅室②，糗干成薧③，载入郡城，谓之腌腊④。船到上行⑤，黑鰦白鲦⑥，委积尘封，黄鲞⑦如宁波，海鲤如武昌。大者鲨，皮有珠文，肥甘可食；小者以竹贯，为干成魦⑧；最小为银鱼。沿海拾蛏，鲜者鲍之，不能鲍者干之，其肥在鼻。海鱼割其翼曰鱼翅，蛇⑨鱼割其肉曰蛇头，其裙曰蛇皮。石首⑩春产于江，秋产于海，故狼山以下人家，八月顿顿食黄鱼也。风干其鲴曰鳔⑪，《木经》需之以联物者。取鱿为脯曰膱⑫，以盐冰之曰腌鱼子，凡此皆行货也。行货半入于南货，业南货者，多镇江人，京师称为南酒，所贩皆大江以南之产，又署其肆曰海味。

【注释】

① 鲍（bào）鱼：盐腌的鱼。

② 楅（bī）室：烘焙咸鱼的屋室。

③ 糗（qiǔ）干：烘干。薧（kǎo）：指干的或腌制的食物。

④ 腌腊：腌制后风干或熏干的鱼、肉等。

⑤ 上行（háng）：上市进货。

⑥ 黑鰦（zī）：生活在江海浅水中的一种小鱼。白鲦（tiáo）：生活在淡水中的一种小鱼。

⑦ 黄鲞(xiǎng):黄鱼制成的腌鱼。

⑧ 鲅(qiè):风干的鱼。

⑨ 蛇(zhà):水母,俗称海蜇。

⑩ 石首:即黄鱼,头中有两枚骨,坚如石头,故有此名。

⑪ 鲴(gù):鱼肚肠。膘:同"鳔",鱼鳔。

⑫ 鮡(shěn):鱼子。膌(zè):鱼子脯。

华祝迎恩

"华祝迎恩"为八景之一。自高桥起至迎恩亭止,两岸排列档子。淮南北三十总商分工派段,恭设香亭①,奏乐演戏,迎銮于此。档子之法,后背用板墙蒲包,山墙用花瓦手卷,山用堆砌包托,曲折层叠青绿太湖山石,杂以树木,如松、柳、梧桐、十日红绣球绿竹,分大中小三号,皆通景像生②。工头用彩楼,香亭三间五座,三面飞檐,上铺各色琉璃竹瓦,龙沟凤滴。顶中一层,用黄琉璃。彩楼用香瓜铜色竹瓦,或覆孔雀翎,或用棕毛,仰顶满糊细画,下铺棕,覆以各色绒毡。间用落地罩、单地罩、五屏风、插屏、戏屏、宝座、书案、天香几、迎手靠垫,两旁设绫锦绥络香襆,案上炉瓶五事,旁用地缸栽像生万年青、万寿蟠桃、九熟仙桃,及佛手、香橼盘景,架上各色博古③器皿书籍。次之香棚,四隅植竹,上覆锦棚,棚上垂各色像生花果草虫,间以幡幢伞盖,多锦缎纱绫羽毛大呢之属,饰以博古铜玉。中用三层台、二层台,平台三机四权,中实螟铁,每出一干,则生数节,巨细尺度,必与根等。上缀孩童,衬衣红绫袄裤,丝绦缎鞋,外扮文武戏文,运机而动。通景用音乐锣鼓,有细吹音乐,吹打十番,粗吹锣鼓之别,排列至迎恩亭。亭中云气往来,或化而为嘉禾瑞草,变而为卿云醴泉。御制诗云:"夹岸排当实厌闹,殷勤难却众诚殚。却从耕织图前过,衣食攸关为喜看。"

【注释】

① 香亭:设有香炉的彩亭。

② 像生:制作的仿真花果人物形象。

③ 博古:模仿古典款式。

八家花园

郡城以园胜。康熙间有八家花园:王洗马园即今舍利庵,卞园、员园在今小金山后方家园田内,贺园即今莲性寺东园,冶春园即今冶春诗社,南园即今九峰园,郑御史园即今影园,筱园即今三贤祠。《梦香词》云"八座名园如画卷"是也。卞园传有王文简联云:"梅花岭畔三山月,宵市桥头一草堂。"

天雷坛

天雷坛在小金山后。初某祀吕祖①甚虔,将立坛祈于吕祖。乩②指今地使立之,某曰:"是地为菜园,污甚。"乩曰:"吾已遣五雷③,将击之矣。"某遂营度今坛地,选吉开工。及期,雷自地出击之,声五,尽翻污泥为黄土,高七尺,居人买之,因名是坛为天雷。某居坛修炼,为罗天醮④凡四十九日。时有白鹤二十四双蹒舞空中,继有玄鹤四双飞来,蹒舞如白鹤状。良久,一鹤黄色,来悬于半空,移时乃去。阖郡士民见之,以为灵感所致,因作降鹤图,又制木鹤,状黄鹤之态。太守金葆咏其事,遂颜其坛曰"黄鹤飞来",降鹤后,撤供物。中有时大彬砂壶,盖与口合,如胶漆不能开,摇之中有水声,斟之无点滴,数十年如一日。迨醮毕,天忽雷,击木鹤。说者谓木鹤俟醮满,辄能飞,以雷击,故不能飞。至今木鹤尚存,惟首能运动,以定时刻。子时首向外,午时首向内,因名曰"子午鹤"⑤。

【注释】

① 吕祖:八仙之一的吕洞宾。全真教尊他为"五祖"之一,后通称为"吕祖"。虔:恭敬。

② 乩(jī):也称"扶乩""扶鸾",是一种占卜方法。两人合作以箕插笔,在沙盘上划字,以决疑治病,预示凶吉。

③ 五雷:五雷法,道教法术。传说雷公有兄弟五人,故以"五雷"称。

④ 罗天醮(jiào):又叫金箓大醮,指道士为禳除灾异而设的道场。

⑤ 子午鹤:一种能表示时间的木鹤。子时指午夜十一点到凌晨一点,午时指中午十一点至下午一点。

浴池

　浴池之风,开于邵伯镇之郭堂,后徐宁门外之张堂效之,城内张氏复于兴教寺效其制以相竞尚,由是四城内外皆然。如开明桥之小蓬莱、太平桥之白玉池、缺口门之螺丝结顶①、徐宁门之陶堂、广储门之白沙泉、埂子上之小山园、北河下之清缨泉、东关之广陵涛,各极其盛。而城外则坛巷之顾堂、北门街之新丰泉最著,并以白石为池,方丈余,间为大小数格。其大者近镬^②水热,为大池,次者为中池,小而水不甚热者为娃娃池^③。贮衣之柜,环而列于厅事者为座箱,在两旁者为站箱。内通小室,谓之暖房。茶香酒碧之余,侍者折枝按摩,备极豪侈。男子亲迎前一夕入浴,动费数十金。除夕浴谓之"洗邋遢",端午谓之"百草水"^④。

【注释】

① 螺丝结顶:浴室名。其底层房屋宽阔,楼层越高空间越小,因形似螺丝而得名。现只沿用为巷名。

② 镬(huò):锅。

③ 娃娃池:可供小孩洗澡的池子。

④ 百草水:端午节时,为驱除"五毒",人们在浴水中加入各种草药。

茶肆

吾乡茶肆,甲于天下。多有以此为业者,出金建造花园,或鬻故家大宅废园为之。楼台亭榭,花木竹石,杯盘匙箸,无不精美。辕门桥有二梅轩、蕙芳轩、集芳轩,教场有腕腋生香、文兰天香,埂子上有丰乐园,小东门有品陆轩,广储门有雨莲,琼花观巷有文杏园,万家园有四宜轩,花园巷有小方壶,皆城中荤茶肆^①之最盛者。天宁门之天福居、西门之绿天居,又素茶肆^②之最盛者。城外占湖山之胜,双虹楼为最。其点心各据一方之盛。双虹楼烧饼,开风气之先,有糖馅、肉馅、干菜馅、苋菜馅之分。宜兴丁四官开蕙芳、集芳,以糟窖馒头得名,二梅轩以灌汤包子得名,雨莲以春饼得名,文杏园以稍麦③得名,谓之鬼蓬头,品陆轩以淮饺得名,小方壶以菜饺得名,各极其盛。而城内外小茶肆或为油镟饼,或为甑儿糕,或为松毛包子,茆檐荜门④,每旦络绎不绝。

【注释】

① 荤茶肆:指既卖茶水又卖点心的茶社。

② 素茶肆:指仅卖茶水的茶社。

③ 稍麦:即烧卖,因其顶上打摺子,又有"鬼蓬头"之称。

④ 茆檐荜(bì)门:指房屋简陋破旧。荜门:用竹荆编织的门。

染房

蜀冈诸山之水,细流萦折,潜出曲港,宣洩归河。大起楼南,以池分之,千丝万缕,五色陆离,皆从此出,谓之练池。池之东西,以廊绕之,东绕于染色房止,联云:"染就江南春水色白居易,结成罗帐连心花青童。"西绕于练丝房止,联云:"旧丝沉水如云影李质,笼竹和烟滴露梢杜甫。"江南染房,盛于苏州。扬州染色,以小东门街戴家为最。如红有淮安红,本苏州赤草所染,淮安湖嘴布肆专鬻此种,故得名。桃红、银红、靠红、粉红、肉红,即韶州退红之属。紫有大紫、玫瑰紫、茄花紫,即古之油紫、北紫之属。白有漂白、月白。黄有嫩黄,如桑初生,杏黄、江黄即丹黄,亦曰缇,为古兵服,蛾黄如蚕欲老。青有红青,为青赤色,一曰鸦青。金青,古皂隶色。玄青玄在缁缃①之间,合青则为靘艳②,虾青青白色,沔阳青以地名,如淮安红之类。佛头青即深青,太师青即宋染色小缸青,以其店之缸名也。绿有官绿、油绿、葡萄绿、蘋婆绿、葱根绿、鹦哥绿。蓝有潮蓝，以潮州得名，睢蓝以睢宁染得名。翠蓝昔人谓翠非色，或云即雀头三蓝。《通志》云：蓝有三种，蓼蓝染绿，大蓝浅碧，槐蓝染青，谓之三蓝。黄黑色则曰茶褐，古父老褐衣，今误作茶叶。深黄赤色曰驼茸，深青紫色曰古铜，紫黑色曰火薰，白绿色曰余白，浅红白色曰出炉银，浅黄白色曰密合，深紫绿色曰藕合，红多黑少曰红综，黑多红少曰黑综，二者皆紫类，紫绿色曰枯灰，浅者曰碌墨。外此如茄花、兰花、栗色、绒色，其类不一。玄滋素液③，赤草红花，合成师昧④，经纬艳异，凡此美名，皆吾乡物产也。练池以西，河形又曲，岸上建春及堂，四面种老杏数十株，铁干拳而拥肿飞动，联云："夕阳杨柳岸_{李乂}，微雨杏花村_{李浑}。"

【注释】

① 緅(zōu)：青赤色。缁(zī)：黑色。

② 黾䳕(mìng qìng)：青黑色。

③ 玄滋：黑色液体。素液：白色液体。

④ 师昧(pō mò)：浅白色。

嫘祖祠

嫘祖祠①，祀马头娘也②。联云："明堂灵响期昭应_{王昌龄}，桑叶扶疏问日华_{曹唐}。"昔传嫘为黄帝正妃，又作雷，为雷祖次妃，皆不可考。

【注释】

① 嫘（léi）祖：据说是西陵氏之女，黄帝的正妃。

② 马头娘：中国神话中的蚕神。相传是马首人身的少女。因蚕头部像马，而蚕又为妇女养殖，所以塑造出马头娘的形象。

卷二　草河录下

临水红霞

　　"临水红霞"即桃花庵,在长春桥西。野树成林,溪毛①碍桨。茅屋三四间在松楸中,其旁厝屋鳞次,植桃树数百株,半藏于丹楼翠阁,倏隐倏见。前有屿,上结茅亭,额曰"螺亭"。亭南有板桥,接入穆如亭。亭北砌石为阶,坊表插天,额曰"临水红霞"。折南为桃花庵,大门三楹,门内大殿三楹,殿后飞霞楼三楹,楼左为见悟堂。堂后小楼又三楹,为僧舍,庵之檀越②柴宾臣延江宁僧道存居之。楼右小廊开圆门,门外穿太湖石入厅事,复三楹,额曰"千树红霞",庵中呼之为红霞厅。迤东曲廊数折,两亭浮水,小桥通之。再东曰桐轩,右为舫屋。又过桥入东为枕流亭,穿曲廊,得小室,曰"临流映壑"。室外无限烟水,而平冈又云起矣。平冈为古"平冈秋望"之遗阜。北郊土厚,任其自然增累成冈,间载盘礴③大石。石隙小路横出,冈硗中断,盘行萦曲,继以木栈,倚石排空,周环而上,溪河绕其下,愈绕愈曲。岸上多梅树,花时如雪,故庵后名"平冈艳雪"。

【注释】

①　溪毛:指水草。

② 檀越：梵语音译，即施主。

③ 盘礴：意同磅礴，形容石头巨大的样子。

扬州盆景

湖上园亭，皆有花园，为莳①花之地。桃花庵花园在大门大殿阶下。养花人谓之花匠，莳养盆景，蓄短松矮杨杉柏梅柳之属。海桐、黄杨、虎刺，以小为最；花，则月季、丛菊为最。冬于暖室烘出芍药、牡丹，以备正月园亭之用。盆以景德窑、宜兴土、高资石②为上等。种树多寄生，剪丫除肄③，根枝盘曲而有环抱之势。其下养苔如针，点以小石，谓之花树点景④。又江南石工以高资盆增土叠小山数寸，多黄石、宣石、太湖、灵璧之属⑤。有圠有岋⑥，有罅有杠⑦。蓄水作小瀑布，倾泻危溜⑧，其下空处有沼，畜小鱼，游泳呴濡⑨，谓之山水点景。

【注释】

① 莳（shí）：栽种。

② 高资石：太湖石的一种，因产于镇江高资得名。

③ 剪丫除肄（yì）：根据造型的需要，剪除多余枝杈。肄，树木多余的枝杈。

④ 点景：点缀，装饰。

⑤ 黄石、宣石、太湖、灵璧：四大著名石种，主要用于堆砌盆景假山。

⑥ 圠（yà）：山弯曲的地方。岋（shēn）：二山并立。

⑦ 罅（xià）：裂缝。杠：独木桥。

⑧ 危溜（liù）：从高处泻下的水流。

⑨ 呴濡(xǔ rú)：形容鱼吹泡的样子。

石庄之死

壬子除夕石庄死。死之前一夕，毕园居人见师衣白袷衣，桐帽棕鞋，手拄方竹杖，往茱萸湾大路去。呼之不应，忽忆师已病半月矣。自是草河人家皆卜师将西归。师在日蓄一猫，及师死，卧遗舄^①中，七日不食而毙，甘亭^②葬之庵后门外，呼之曰义猫坟。是年正月十五夜，一船自长春桥来，撒幔无客，惟一人立船尾摇橹而行，至则师也。庵中人见之，跪哭不忍视，而欸乃^③直下，神色自若，无顾盼意。是日承恩寺大殿作上元会，一僧见师立二山门，托其寄信莲香社僧开爽^④，令其出，出则杳无人焉。城中叶含青秀才逢恩，于六月中病垂死，恍惚至万山中，扶头软脚，百体不快。忽遇师携手至塔庙深处，身如御风。入一草堂，额上有十一字云："此地有崇山峻岭茂林修竹。"由堂入禅房，又有额，上书"空空如也"四字，两旁联句云："溪声闲处安诗几，山翠浓中置画床。"其下几榻笔砚，宛然如旧游。与之语旧事移时，甚畅。含青作诗云："挂杖寻诗扣竹关，雨余青拥一房山。此间真是神仙地，乞坐蒲团不欲还。"师和诗曰："结屋松门不闭关，也留风月也留山。君家本有逍遥地，莫谩勾留且自还。"促之行，送至山下。一揖而觉，病遂霍然失体矣。

【注释】

① 舄(xì)：鞋子。

②甘亭：石庄之徒。

③欸（ǎi）乃：象声词，形容摇橹的声音。

④开爽：石庄的后裔。

垒石高手石涛

释道济，字石涛，号大涤子，又号清湘陈人，又号瞎尊者，又号苦瓜和尚。工山水花卉，任意挥洒，云气迸出，兼工垒石。扬州以名园胜，名园以垒石胜。余氏万石园①出道济手，至今称胜迹。次之张南垣所垒"白沙翠竹""江村石壁"，皆传诵一时。若近今仇好石垒怡性堂"宣石山"，淮安董道士垒"九狮山"，亦藉藉人口。至若西山王天於、张国泰诸人，直是石工而已。

【注释】

①万石园：传说其以石涛和尚的画稿叠置，园中有石洞数百个，用去太湖石以万计数，故名"万石园"。此园乾隆年间废弃，山石归康山草堂。

扬州八怪①

高翔，字凤冈，号西唐，甘泉人，善山水。高甲，字翰亭，凤冈之侄，善花卉，尤工八分②。

【注释】

①本书中关于"扬州八怪"资料较多，但不集中，于是将书中有关资料汇集于此，命名为"扬州八怪"，凡不加说明者均为本卷内容。

② 八分：隶书的一种。

汪士慎，字近人，工八分书，画花卉与张乙僧、金劢齐名。

郑燮，字克柔，号板桥，兴化人，进士。兰竹石称三绝，工隶书，后以隶楷相参，自成一派。关帝庙道士吴雨田从之学字，可以乱真。

郑燮，字克柔，号板桥，兴化人。进士，官知县。宰范时有富家欲逐一贫婿，以千金为宰寿。燮收其女为义女，复潜蓄其婿在署中，及女入拜见，燮出金合卺，令其挽车同归，时称盛德。复以报灾事忤大吏，罢归乡里。尝作一大布囊，凡钱帛食物，皆置于内，随取随用，或遇故人子弟，及同里贫者之家，则倾与之。往来扬州，有"二十年前旧板桥"印章，与公唱和甚多。著有《板桥诗词抄》及《家书》《小唱》。工画竹，以八分书与楷书相杂，自成一派。今山东潍县人多效其体。①

【注释】

① 本条文字原载卷十。

李葂，字啸村，上江人。工花卉翎毛，来扬州居贺园。

李葂，字啸村，安徽人。能诗画，公之高足也。尝为公作《虹桥揽胜图》。①

【注释】

① 本条文字原载卷十。

李鱓,字宗扬,号复堂。兴化孝廉,官知县。花鸟学林良,纵横驰骋,不拘绳墨,而得天趣。往来扬州,与贺吴村友善。其时陈撰,字楞山,写生与鱓齐名。陈馥,字松亭,戴礼字石屏,皆从学焉。

陈撰,字玉几,号楞山,浙江钱塘人。自言鄑人,家世系出勾甬。性孤洁,举博学鸿词不就。工诗,著《绣铗秋吟集》。书无师承,画绝摹仿,张浦山征君录之于《画征录》。晚年无子,方伯为筑寿藏南屏之阳。女嫁于南徐许滨。滨字谷阳,号江门,丹阳人。画入神品,与撰同馆方伯家。女死,翁婿意见遂不侔。①

【注释】

① 本条文字原载卷十二。

金农,字寿门,号冬心,仁和人。从事于画,涉古即古,脱画家之习。画竹师竹石老人 ①,号稽留山民;画梅师白玉蟾 ②,号昔耶居士;画马自谓曹、韩法 ③,赵王孙 ④ 不足道也;画佛像,号心出家盦粥饭僧,花木奇柯异叶,设色 ⑤ 非复尘世间所睹,盖皆意为之,而托为贝多 ⑥、龙窠之类。

金农,字寿门,号冬心,浙江仁和人,与丁龙泓、吴西林号浙西三高士。好古力学,工诗文,精鉴赏,善别古书画。书法汉隶,年五十妻亡,侨居扬州,从事于画,涉古即古,脱尽画家之习。画竹师竹室,自号稽留山民;画梅师白玉蟾,号昔耶居士;画马自谓能得曹、韩法,赵王孙不足道也;画佛像,号心出家盦粥饭僧,花木奇柯异叶,设色非复尘世间所睹,盖意为之,则曰贝多、龙窠之类。与徐氏往来，以其学圃改名"交翠林"。著有《冬心诗抄》，其余诗文十种，皆其门人罗聘搜索而成，沈大成为之序⑦。

【注释】

① 竹石老人：宋代画家文同，字与可，号笑笑先生，人称石室先生、竹石老人。善画竹及山水。有《丹渊集》。

② 白玉蟾：原名葛长庚，宋代闽清人。后为白氏继子，故又名白玉蟾。善篆隶草书，工画梅竹。有《海琼集》。

③ 曹、韩：指唐代著名画家曹霸和韩幹，二人俱为画马专家。

④ 赵王孙：即元代著名书画家赵孟頫，因其为宋朝宗室，后人称为"赵王孙"，所画山水、人、马、花竹木石俱佳。

⑤ 设色：敷彩着色。

⑥ 贝多：即多罗树。形似棕榈，叶长稠密。相传佛陀即在贝多树下成道。古代贝多树的贝叶用于抄写佛经。龙窠：即龙华树。相传弥勒得道成佛时，即坐于龙华树下。

⑦ 本条文字原载卷十四。

黄慎，字躬懋，号瘿瓢，福建人。师上官周①，为工笔人物。久寓扬州，晚年以粗笔画仙佛，径丈许，其工笔不可多得也，题句法二王草书。

罗聘，字两峰，号花之寺僧。初学金寿门梅花，后仿古仙佛画法。有《鬼趣图》，为世所称。妻方白莲，子允绍、允缵，俱工画。

罗聘，字两峰，自称花之寺僧，江都人。工诗，居天宁门内弥陀巷,额其堂曰"朱草诗林",善画,作《鬼趣图》,题者百余人。妻方婉仪,字白莲,受诗于沈大成,著有《白莲半格诗》。子允绍,字介人;允缵,字练堂,一字小峰,俱善画①。

【注释】

① 本条文字原载卷三。

杨法,字巳军,江宁人。工篆籀,黄园中"柳下风来,桐间月上"八字,是所书也。来扬州寓地藏庵,与小山上人善。

高凤翰,字西园,号南村,别号南阜老人,又自称老阜,胶州人。举孝友端方,为歙县丞。公荐为泰州分司。工诗画,善书法,称三绝。后与公同被逮①,抗辞不屈,事因以得白。病痹②,右臂不仁,作书用左手,号尚左生,又号丁巳残人③。爱砚,著《砚史》。自为圹铭④曰:"知其生何必知死,见其首何必见尾。"嗟尔死生类如此。后穷饿死,公哭之诗云:"乞米鸿归箧正裁,俄闻诀去岂胜哀。巫咸不为刘贲下,县宰谁迎杜甫来。落落清华兰社尽,堂堂著作玉樽开。年来衰老愁伤逝,况是凋零仅剩才。最风流处却如痴,颠米迂倪未是奇。再散千金仍托钵,已输一臂尚临池。殷生潇洒谈元日,戴桷昂藏对簿词。见说淮南传故事,遗文争患少人知⑤。"

【注释】

① 后与公同被逮:指乾隆二年(1737),两淮盐运使卢见曾因罪罢职流放,高凤翰因为其座上客受到牵连。

② 痹(bì):同"痹",指因风寒湿气引起的肢体疼痛、麻木等症。

③ 丁巳残人：乾隆二年为农历丁巳年。

④ 圹（kuàng）铭：墓志铭。

⑤ 本条文字原载卷十。

传真画派

传真①为画家一派。《西京杂记》载毛延寿、陈敞诸人②，晋顾长康传神阿堵③，皆其技也。陶九成《辍耕录》载其法而未详。丹阳丁皋，字鹤洲，居甘泉。精于是技，撰《传真心领》二卷，分三停五部④，先从匡廓画起，以为肖与否，皆系于是；次及阴阳虚实之法；次及天庭两颧，目光海口，鼻准眉耳，各有定法。部位定，次及染法，次及上血色法，终之以提神。又申言旁侧俯仰之理，及誉法、朽法⑤，皆备焉。

【注释】

① 传真：画派的一种。画家如实描摹人物形貌，即肖像画.

② 毛延寿：汉代画师，杜陵人。因受贿作画终至昭君出塞，元帝将毛延寿处死。陈敞：汉代画师，杜陵人。善画牛马飞鸟。

③ 顾长康：即顾恺之，晋代著名画家。善画人物，每画人成，常几年不点睛。人问其故，他答道："传神写照，正在阿堵中。"

④ 三停五部：相面者、画师将人体或面部分为三部，称为三停。五部是指面部的额、颏、鼻、左腮、右腮。

⑤ 誉法：指临摹图画的技法。朽法：指勾勒草图的技法。

卢雅雨①转运为之叙云：画像之兴，由来尚矣。伊尹从汤，言素王、九主之事，皆图画其形；高宗梦傅说，使百工写其形，旁求天下；孔子观乎明堂，有尧舜之容、桀纣之像，有周公相成王朝诸侯之图。其在于汉，则自六经、诸子、贤士、列女，以及问礼讲学，皆有图。凡以广见闻，垂鉴诚，用意自深远也。惟人子之肖其父母也，未详所始。然古者祭必有尸②，尸废则画像兴。人子之情，有所必至。特以时代之遥，春秋之隔，几筵橉桷之间③，聚其精神以求其嗜欲，发其慨闻僾④见之思。其事诚不可苟，而其术尤岂易言者哉！古传画学，众体各有师法，而肖像无专门，亦未有勒成一书者，不可谓非艺林之缺事也。丹阳丁君鹤洲，世传其业，运思落墨，直臻神解，随人之妍媸老少，偏侧反正，并其喜怒哀乐皆传之。近为余绘十二图，图各有景，见者惊叹，以为须眉毕肖，而神色舒肃，悉与景会。余固疑丁君之有天授，非学力所能到。而丁君曰："不然。是固有法也，法可以言传，而法外之意，必由心领。"因出其《传真心领》一书示余，并乞余为之序。其书凡二十余篇，曰部位，曰起稿，曰心法，曰阴阳虚实，曰天庭，曰鼻，曰两颧地角，曰眼光，曰海口，曰眉，曰须，曰耳，曰染法，曰面色，曰气血，曰提神，曰旁背俯仰，曰誊像，曰笔墨，曰纸，曰绢，曰择室。凡者不惜言之详、意之尽，法传而法外之意与之俱传，信从来未有之书也。学者得以矩矱，参以会悟，破除俗师相传之陋，以上窥唐虞三代以来不传之秘钥，而仁人孝子亦不自觉而油然生其尊祖敬宗之心。则是书所关，良非浅尠⑤，岂特画像一家之学已哉！

【注释】

① 卢雅雨：即卢见曾。

②尸：古代祭祀时代死者受祭的人称为尸。后来用神主牌位代替。

③几筵：指祭祀的席位，后也称灵座。榱桷（cuī jué）：指屋椽。

④僾（ài）：隐约，仿佛。

⑤浅尠（xiǎn）：细小，微小。

鹤洲子以诚，字义门，传父业亦能精肖，四方来求者，远至数千里。某宠姬病，延之肖形，十余日改易六七次。姬视之，皆曰不肖。义门自视所画，则肖之极矣。明日至，不摹其形，自为绝色女子。姬笑曰："肖矣，君真解人也。"义门善弈，画法效董香光①，间为诗亦清雅有致。撰《续心领》四卷，论朽染之法尤详，虽不知画人阅之，可以肖像也。

【注释】

①董香光：即董其昌。字元宰，号思白，别号香光居士。明末著名书画家，善画山水。

任世礼，字汉修，与鹤洲交，得闻其法，摹之二十年，尽合其旨。性豪侠，善弹琴，工时曲。又有蒋文波者，写生次于义门。海州吴焯，字俊三，写生兼工山水人物，皆画之能肖。盖是技以肖为工，不肖无足论也。义门之徒涂冬，居小秦淮。凡妓之来者，涂必摹其形，不下百数十人矣。人之短视者多带眼镜，除之则面必变。涂能画短视不带眼镜而能肖，其技亦巧矣。又梁师武与义门交，善画花卉翎毛，尤工写生。

蕃釐观写经

金坛王澍，字虚舟，官吏部员外，扬州搢绅扁联，多出其手。法净寺西园中"天下第五泉"字，是所书也。蒋衡，字湘繁，号江南拙老人，虎臣修撰之侄。尝于蕃釐观写《十三经》，马曰璐装潢，大学士高斌进之，奉命刊于辟雍。授官学正，观中建写经楼。法净寺旁"淮东第一观"，是所书也。孙和，字醉峰，工书画，著《说文集解》《四库馆议叙》。成孝廉，又恭摹御考太学石鼓文缩小本刻石。阮芸台阁学《石渠记》云：蒋衡书《十三经》册，凡十二年始成。衡于乾隆初年尝薄游扬州，故此经半在扬州所写。其书先归于盐务，为两淮运使卢见曾所赏，言之总督高斌，遂装潢以进其装潢为吾乡马曰璐征君任之，费数千金，赐国子监学正。翰林励宗万以序石经校勘一过，记其异同，书成一册，今庋之懋勤殿书阁上。乾隆五十七年，因敕纂《石渠宝笈》，及于此册，特命刊石立学宫。

说书名家叶霜林

叶勇复，字英多，号霜林，江都诸生①。好欧阳通②书法，摹之逼肖。善评话，言古人忠孝事，慷慨激发，座客凛然。

【注释】

① 诸生：明清时指已入学的生员。

② 欧阳通：唐朝著名书法家欧阳询之子，号称小欧阳。

卷三　新城北录上

梅花书院

　　梅花书院在广储门外。明湛尚书若水书院故址也[①]。若水字甘泉,广东增城县人。嘉靖间以大司成考绩,道出扬州,一时秉贽而谒者几十人。扬州贡士葛涧与其弟洞早年从之游,是时因选地城东一里,承甘泉山之脉,创讲道之所,名曰行窝[②]。门人吕柟以湛公之号与山名不约而同,书"甘泉"二字于门,又撰《甘泉行窝记》。行窝门北有银杏树一株,就树筑土为墠[③],上墠筑基为堂,题曰"至止堂"。其《心性图说》在北塘[④],钟磬在东塘,琴鼓在西塘,学习诚明、进修敬义二斋在东序。燕居在堂北[⑤],厨库在燕居左右,缭以周垣凡六十有二丈,垣外有沟,沟外有树。先门外有池,池水与沟水襟带行窝,而池上有桥。当行窝之旁,又置田二十余亩,以资四方来学者,皆涧所助也。

【注释】

　　① 湛尚书若水:即湛若水,字元明,号甘泉,世称甘泉先生。历南京礼、吏、兵三部尚书。明代哲学家、教育家。一生讲学著述,其心学与王守仁心说并称于世。创甘泉学派,各地多建学院。

　　② 行窝:宋代大儒邵雍称其居所为安乐窝,后来人们为迎接他而仿

建的屋子,称为行窝。后世将宣道讲学的地方也称为行窝。

③埠(shàn):指古代祭祀用的平地。

④《心性图说》:湛若水撰。阐发"随处体认天理"的主张。许多书院都将此书刻石,以供学者传诵。墉:墙壁。

⑤燕居:闲居之所。

通山朱廷立为巡盐御史,改名甘泉山书馆,厥后御史徐九皋立纯正门礼门,提学御史闻人铨立义路坊,知府侯秩、刘宗仁,知县正维贤相继修拓,御史陈蕙增置祠堂、射圃①等地,御史洪垣增置艾陵湖官庄田八十亩,此嘉靖间湛公书院也。万历二十年,太守吴秀开浚城濠,积土为岭,树以梅,因名梅花岭。缘岭以楼台池榭,名曰平山别墅,东西为州县会馆,名之曰偕乐园,后立吴公木主于园中子舍②,名曰吴公祠。三十三年,太监鲁保重修,知府朱锦作碑记,当道檄毁之,存其堂与楼,为诸生讲学之所。巡按御史牛应元改名之曰崇雅书院,祀湛公木主于堂,又曰湛公祠。崇祯间,书院又废。

【注释】

①射圃:习射练武的地方。

②木主:木制的神位,俗称牌位。子舍:偏舍。

国朝雍正十二年,郡丞刘重选倡教造士,邑士马曰琯重建堂宇,名曰梅花书院。前列三楹为门舍,其左为双忠祠,右为萧孝子祠。又三楹为仪门,升阶而上,为堂,凡五重,复道四周。又进为讲堂①,亦五重。东号舍②六十四间,旁立廛宇③,为庖厨浴湢④

之所。西有土阜，高丈许，即梅花岭也。岭上构数楹，虚窗当檐，檐以外凭墉而立，四望烟户，如列屏障。下岭则虚亭翼然，树以杂木。刘公亲为校课，匝月⑤一举，而先后校士院中者，醩政则有朱续晫，知府则有蒋嘉年、高士钥，知县则有江都朱辉、甘泉龚鉴诸公。一时甄拔如刘复、罗敷五、郭潮生、郭长源、周继濂、周珠、孙玉甲、蒋爽、耿元城、裴玉音、闵鲤翔、杨开鼎、吴志浤\史芳湄诸人，江都教谕吴锐为书院碑记。

【注释】

① 讲堂：讲学论道用的厅堂。

② 号舍：古代书院给学生自习、居住的地方，因为有编号，故有此称。

③ 隟（xī）宇：有破漏的屋子。隟，"隙"的俗字。

④ 湢（bì）：浴室。

⑤ 匝月：满一个月。

迨乾隆四年，巡盐御史三保、转运使徐大枚酌定诸生膏火①，于运库支给。乾隆初年，复名甘泉书院。戊戌，长白朱孝纯由泰安知府转运两淮，又名梅花书院，而廓新其宇，于市河之西岸立大门，自书"梅花书院"扁，刻石陷门上。甬道二十余丈，雕墙高五丈，长十余丈。墙下浚方塘，种柳栽苇，面塘为大门，双忠祠、萧孝子墓、节孝祠在其左，距书院旧址相去丈许余。书院正堂，制度悉如郡丞刘公之旧，更以浚塘之土，累积于右，树以梅，以复梅花岭旧观。岭下增构厅事五楹，亭舍阁道，点缀其间。朱公亲为校课，匝月一举，谓之官课②；延师校课，亦匝月一举，谓之院课③。主讲席者，谓之掌院④；延府县学教谕训导一人，点名收卷，支发膏火,谓之监院⑤。在院诸生分正课、附课、随课⑥,正课岁给膏火银三十六两,附课岁给膏火银十二两,随课无膏火。一岁中取三次优等者升,取三次劣等者降。至仓运使以一岁太宽,限以一月,连取三次者升,后又改为连取五次优等者升,第一等第一名给优奖银一两,二三名给优奖银八钱,以下六钱。仓运使又定额一等止取十四名,鹿运使以二等第一名给优奖银五钱,而一等不拘取数。癸丑,南城曾燠转运两淮,亲课诸生,又拔取尤者十余人,置于正课之上,名曰上舍⑦,岁加给膏火银十八两。

【注释】

① 膏火:原指灯火,后泛指官府、学校发给在读学生的津贴费用。

② 官课:指书院中由地方官员出题并评阅的考课。

③ 院课:指书院中由院长出题并评阅的考课。

④ 掌院:书院中掌管教学的人。

⑤ 监院:书院中负责行政、财务、学生事务的主管,地位次于院长。

⑥ 正课:对考试成绩优等的学生的称谓。附课:对考试成绩第二等的学生的称谓。随课:指考试成绩低于正课、附课的学生。

⑦ 上舍:指考试成绩在正课之上的特优生。

扬州书院考

扬州郡城,自明以来,府东有资政书院,府西门内有维扬书院,及是地之甘泉山书院。国朝三元坊有安定书院,北桥有敬亭书院,北门外有虹桥书院,广储门外有梅花书院;其童生肄业者①,则有课士堂、邗江学舍、角里书院、广陵书院;训蒙则有西门义学、董子义学②。资政书院在府堂东,建于景泰六年,知府王恕创始。内有群英馆,知府邓义质建,厥后知府冯忠重修,南昌张元徽为记。今圮,尚有旧基。维扬书馆在府西门,建于嘉靖五年,巡盐御史雷应龙创始,徐九皋改新,欧阳德有记,陈蕙、洪垣相继修饰,内有六经阁祠堂,祀周程张朱③。资贤门资贤堂、丽泽门志道堂,湛公有记,厥后御史彭端吾、杨仁愿复葺,今圮,已无旧基。安定书院在三元坊,建于康熙元年,巡盐御史胡文学创始,祀宋儒胡瑗④。雍正间,尹醴使增置学舍,为郡士肄业之所,延师课艺,以六十人为率⑤,并合梅花书院一百二十人。圣祖南巡,赐"经术造士"额悬其上。敬亭书院在北桥,建于康熙二十二年,两淮商人创始,因御史裘充美《论湖口税商疏》,感其德建此,令士子诵读其中,京口张九徵为记。虹桥书院在北门,康熙间,总督于成龙创始,集郡士肄业。今之郡城校课士子书院,惟安定、梅花两院。其虹桥书院久圮,敬亭书院仅志裘公去思⑥,而未尝校课也。若校课童生书院,今存者惟广陵书院而已。

【注释】

①童生:指习举业而未考取秀才的读书人。肄(yì)业:修习课业。古人书所学之文字于方版谓之业,师受生曰授业,生受之于师曰受业,习之曰肄业。

②训蒙:旧时私塾对儿童进行启蒙教育。义学:指古代各地用公款或私资举办的免费学校。

③周程张朱:宋代理学四学派的代表人物,即濂溪周敦颐、洛阳程颢和程颐、关中张载、福建朱熹。

④胡瑗:字翼之,号安定先生,泰州人。北宋著名教育家。安定书院

即为纪念他而创办。

⑤率：标准。

⑥去思：指地方士绅百姓对已离职官吏的思念。

史可法墓

史阁部墓[1]在玉清宫右，古梅花岭前，明太师史可法衣冠葬所也。祠在墓侧，建于乾隆壬辰。墓道临河，祠居墓道旁，大门亦临河。门内正殿五楹，中供石刻公像木主，廊壁嵌石刻公四月二十一日家书及复睿亲王[2]书，御制七言律诗一章，书事一篇，大学士于敏中、梁国治，尚书彭元瑞、董诰、刘墉，侍郎金士松、沈初，翰林陈孝泳恭和诸诗。又公像原卷内胡献徵、秦松龄、顾贞观、姜兆熊、王耆、王㮚、顾彩各题跋。先是乾隆癸未翰林蒋士铨于琉璃厂破书画中得公遗像一卷，帧首敝裂，又手简二通为一卷，出金买归。明日，侍郎汪承霈索观，乃取公家书及胡献徵诸人各题跋重装像卷之首。壬辰，彭元瑞视学江南，值蒋士铨主安定书院讲席，恭逢内府辑宗室王公功绩表传，上见睿亲王致公书，引《春秋》之法，斥偏安之非。因索公报书[3]，不可得。及检内阁库中典籍，乃得其书，御制书事一篇以纪始末。彭元瑞因取蒋士铨所藏遗像、家书奏呈，奉旨修墓建祠于梅花岭下，题曰"褒慰忠魂"。

【注释】

①史阁部墓：即史可法墓。因墓中所葬非其遗体，而是其衣物，故又称为衣冠冢。

②睿亲王：即清太祖十四子多尔衮，崇德元年（1636）因平定察哈尔

扬州画舫录

全部有功,封为睿亲王。

③报书:回信。

扬州竹枝词

费家花园本费密①故宅,草屋三四楹,与艺花人同居。自密移家入城,是地遂为蓄养文鱼②之院。密孙轩,字执御,有《扬州梦香词》,与董伟业《扬州竹枝词》并传于世。伟业字耻夫,竹枝词九十九首,有古风人讥刺之意,而无和平忠厚之旨,论者少之。时又有《扬州好》者③,与《梦香词》等,而失作者姓氏。

【注释】

① 费密:字此度,号燕峰,四川新繁人。徙居扬州,究心兵、农、礼、乐等学,以授徒、卖文为生。

② 文鱼:即金鱼。

③ 《扬州好》:即《望江南百调》。作者黄惺庵,仪征人,居扬州。所著《望江南百调》每首词开头均为"扬州好",故称其为《扬州好》。

金鱼

柳林在史阁部墓侧,为朱标之别墅。标善种花养鱼,门前栽柳,内围土垣,植四时花树,盆花庋①以红漆木架,罗列棋布,高下合宜。城中富家以花事为陈设,更替以时,出标手者独多。柳下置砂缸蓄鱼,有文鱼、蛋鱼、睡鱼、蝴蝶鱼、水晶鱼②诸类。《梦香词》云:"小队文鱼圆似蛋,一缸新水翠于螺③。"谓此。上等选充金鱼贡,次之游人多买为土宜④,其余则用白粉盆养之,令园丁鬻于市。有屋十数间为茶肆,题其帘曰"柳林茶社"。田雁门焯题诗云:"闲步秋林倚瘦筇⑤,碧栏干外柳阴重。赖君乳穴烹仙掌,饱听邻僧饭后钟。"

【注释】

① 庋(guǐ):放置。

② 文鱼:这里是指金鱼的一个品种,尾鳍分叉,体形像"文"字,故名。以下的"蛋鱼""睡鱼""蝴蝶鱼""水晶鱼"皆是金鱼的品种,以形得名。

③ 螺:即螺子黛,古代妇女描眉用的一种青黑色颜料。

④ 土宜:土特产。

⑤ 筇(qióng):竹杖。

卷四　新城北录中

花市

　　天福居在牌楼口,有花市。花市始于禅智寺,载在郡志。王观《芍药谱》云:扬人无贵贱皆戴花,开明桥每旦有花市。盖城外禅智寺、城中开明桥,皆古之花市也。近年梅花岭、傍花村、堡城、小茅山、雷塘皆有花院,每旦入城,聚卖于市。每花朝,于对门张秀才家作百花会,四乡名花集焉。秀才名缝,字饮源,精刀式,谓之张刀。善莳花,梅树盆景与姚志同秀才、耿天保刺史齐名,谓之三股梅花剪。

天宁寺

　　天宁寺居扬州八大刹之首。寺之始末基址,郡志未经核实,故古迹多所重出。考志载天宁寺在新城拱宸门外,世传柳毅^①舍宅为寺,寺有柳长者像。又传晋时为谢安别墅,义熙间,梵僧佛驮跋陀罗尊者译《华严经》于此^②,右卫将军褚叔度特往建业请于谢司空琰求太傅别墅建寺。又《华严经序》云:"尊者于谢司空寺别造履净华严堂译经。"又曰:"寺西杏园内枝上村文思房有银杏二株,大数围,高百三十余丈,谢太傅别墅在此。"雍正间,徐太史

35

葆光为题"晋树亭"额。又城中《法云寺志》云：晋宁康三年，谢安领扬州刺史，建宅于此。至太元十年，移居新城。其姑就本宅为尼，建寺名法云，手植双桧。又曰："谢太傅祠，安故宅，内有法云寺，旧有双桧。"又《墨庄漫录》云："扬州吕吉甫观文宅，乃晋征西将军谢安宅，在唐为法云寺，有双桧，建炎后遂亡。"又云："按《十国春秋》：光献三年，海陵镇过使帅民兵入广陵，杨行密伏兵杀于法云寺。寺外数里皆赤。"又云："寺有藏经院、释迦院。"又志乐善庵云，在大东门外天心墩。雍正十一年，尹公会一碑记云："梵僧佛驮跋陀罗尊者译《华严经》于此。"《华严经序》亦云尊者别建履净华严堂。自谢太傅舍宅为寺，寺域甚广，墩列于前，亦属寺界。明嘉靖丙辰，漕院郑晓加筑城，始截寺前数百武③地于城内。

【注释】

① 柳毅：唐李朝威传奇小说《柳毅传》中人物。唐代儒生，曾传书搭救洞庭龙女，后他在广陵娶卢氏，发现即所救龙女。

② 佛驮跋陀罗：天竺国高僧。东晋义熙年间，随姚秦僧智严至长安，曾与鸠摩罗什、慧远讨论佛法。译有《华严经》。

③ 武：古代度量单位，指半步。

按：诸说萃于一书，而天宁、法云、乐善分三地。于天宁曰跋陀罗译经于此，于乐善又曰跋陀罗译经于此，其同一也；于天宁曰尊者于谢司空宅造履净华严堂，于法云又曰谢太傅宅于此，尊者别建履净华严之堂，其同二也；于法云曰寺有藏经院、释迦院，而今之天宁寺旁兰若①内有藏经院，其同三也。据尹公一曰"墩列其前"，再曰"截寺数百武地于城内"二语，则乐善本在天宁寺址内已明。惟法云之于天宁，舍宅舍墅同，《华严》同，藏经同，而志中分为两地，未加考定，遂习焉不察耳^②。以今考之，今天宁寺距拱宸门数武，门内为天宁街，长三百余步。法云寺后址居北柳巷之半，其半二百余步，合而计之，纵不过二百余步。今杏园、兰若为寺东西址，杏园距天心墩百数十步，由杏园至兰若二百余步，由此计之，约纵不过千步，横不过五百步。天宁居其北，乐善居其东，法云居其南，其实皆谢宅也。古之谢宅，当自法云起，至天宁止，并今之彩衣街之半、北柳巷之半，为民居者皆是也。今天宁、法云于晋为广陵城外地，自截入城后，人遂视天宁、法云为两地，且视天宁、乐善为两地也。又《晋书》有云："太和十年，谢安出镇广陵之步邱，筑垒曰新城。"按《晋书》新城，当在今新城之东北隅，其半仍当在拱宸门外。古云水际之谓步，《太平寰宇记》云：江都南对丹徒之京口，旧阔四十余里，今瓜洲渡江仅阔十里，对岸已是银山^③。是则古之阔四十里者，凡今之高旻寺、扬子桥诸地，皆在江心。其扬州江岸，当距法云不远，而步邱亦当距法云不远矣。志云："甲杖楼在步邱。"

【注释】

① 兰若：梵语"阿兰若"的省称，原指森林，引为清修之所，泛指寺院。

② 习焉不察：指已经习惯某种事物而注意不到其中的问题。

③ 银山：在今江苏丹徒，因其与金山相对，故称为银山。

天宁寺佛像

天宁门城河两岸甃石，上横巨木，架红栏为钓桥，桥外华表屹然，下为天宁寺大山门。第一层为天王殿，中供布袋罗汉像①，旁置魔魅②，作戏弄状。殿右设大画鼓③，左悬钟，古者钟楼用风字脚，四柱并用浑成梗木若散木④，不可低，低则掩，声不远，宜在左。寺廊下作平棋⑤盘顶，开楼，盘心透上，直见钟作六角栏干，则声远百里。是寺钟昼夜撞之，有紧十八慢十八之号。寺鼓在右，即宋孚禅师闻之悟道处。钟鼓楼旁，矗两宝刹，高数丈，剪彩为幡幢。

【注释】

① 布袋罗汉：五代后梁僧人，名契此，号长汀子。因其常背着布袋化缘，人称"布袋和尚"。坐化时说偈："弥勒真弥勒，分身千百亿。时时示世人，世人自不识。"后人认为他是弥勒下世。各寺庙天王殿中所塑弥勒像，相传为其造像。

② 魔魅：魔鬼。

③ 画鼓：有彩绘的鼓。

④ 散木：不成材的树木。

⑤ 平棋：天花板。

第二层大殿上置白石香炉莲炬，高与殿齐，中供大佛三座，旁列梵相①，或衣云衲②，倚竹杖，横梵书贝帙③；或抱膝耸肩，状若鬼王；或闭目枯坐万山中；或长眉拂地，侧膝跣足；或面目羸瘦，神清气足；或着水田衣趺坐^④，意思^⑤萧适；或芒鞋竹杖，伛偻如老人形；或四体毛生，仪貌间别^⑥；或轩鼻呴口^⑦，手捻数珠^⑧，坐娑罗树下；或厖眉瞪目；或挥扇坐槎枒树下，丰骨清峭；或鸡皮骀背^⑨，两手有所事，如抓蚤扪虱；或被袈裟执经，宛然僧相；或合掌而坐；或被衣挥扇；或髯而长；或陋且怪，而焚香捧经之僧隅坐焉，所谓十八应真也^⑩。殿后供大悲千手眼菩萨像，螺髻缨络，足履菡萏。

【注释】

① 梵相：这里指佛像。

② 云衲：僧衣。

③ 贝帙：指佛经经匣。

④ 水田衣：即袈裟。因其用多块长方形布片拼接而成，形似稻田的界画，故而得名。趺坐：佛教徒盘腿打坐。

⑤ 意思：神情。

⑥ 间（jiàn）别：差别。

⑦ 轩鼻呴（xǔ）口：张开鼻子呼吸空气。

⑧ 数珠：也称念珠、佛珠，是佛教徒诵经时用来摄心计数的串珠，多为一百零八颗。

⑨ 骀（tái）背：即驼背。

⑩ 十八应真：即十八罗汉。应真，佛教语，罗汉的意译。

第三层中供阿弥陀佛，佛火炎上如凡火状。下陈经案香盆，为万寿经坛。第四层后楼三层，楼下为方丈，中为僧房，上为万佛楼，计佛万有一千一百尊，佛形大小不一，小者如黍米半菽，眉目口耳,螺髻毫相,无不毕具。郡中三层楼以蕃釐观弥罗宝阁为最,是楼次之。楼旁列两小殿,供白衣大士、文武帝君像。两廊百数十楹,皆供诸天①佛号及道人俞普龙像,而柳毅像至今无考焉。

【注释】

①诸天:护法众天神。

扬州二马

马主政曰琯,字秋玉,号嶰谷,祁门诸生,居扬州新城东关街。好学博古,考校文艺,评骘①史传,旁逮②金石文字。南巡时,两赐御书克食③,尝人祝圣母万寿于慈宁宫,荷丰貂宫纻之赐。归里以诗自娱,所与游皆当世名家,四方之士过之,适馆授餐,终身无倦色。著有《沙河逸老诗集》。尝为朱竹垞刻《经义考》,费千金为蒋衡装潢所写《十三经》。又刻许氏《说文》《玉篇》《广韵》《字鉴》等书,谓之"马板"。弟曰璐,字佩兮,号半查。工诗,与兄齐名,称扬州二马。举博学鸿词④不就,有《南斋集》。子裕,字元益,号话山。工诗文,尤精于长短句,小字阿买,见杭堇浦《道古堂集》中。佩兮于所居对门筑别墅曰"街南书屋",又曰"小玲珑山馆",有看山楼、红药阶、透风透月两明轩、七峰草堂、清响阁、藤花书屋、丛书楼、觅句廊、浇药井、梅寮诸胜。玲珑山馆后丛书前后二楼,藏书百橱。

【注释】

①评骘(zhì):评定。

② 逮：及。

③ 克食：满语，意为皇上恩赐之物。

④ 博学鸿词：科举名目的一种。

马氏献书受赏

乾隆三十八年，奉旨采访遗书，经盐政李质颖谕借。其时主政已没，子振伯恭进藏书，可备采择者七百七十六种。三十九年，奉上谕，国家当文治休明之会，所有古今载籍，宜及时搜罗大备，以光策府①，而裨②艺林。因降旨命各督抚加意采访，汇之于朝。旋据各省陆续奏送，而江浙两省藏书家呈献者种数尤多，廷臣中亦有纷纷奏进者。因命词臣③分别校勘应刊应录，以广流传，其进书百种以上者，并命择其中精醇之本进呈一览，朕几余④亲为评咏，题识简编。复命将进到各书，于篇首用翰林院印，并加钤记，载明年月姓名于面页，俟将来办竣后，仍给还各本家自行收藏。其已经题咏诸本，并令书馆先行录副⑤，将原书发还，俾收藏之人益增荣幸。今阅进到各家书目，其最多者如浙江之鲍士恭、范懋柱、汪启淑，两淮之马裕四家，为数至五六七百种，皆其累世弆藏⑥，子孙克守其业，甚可嘉尚。因思内府所有《古今图书集成》，为书城巨观，人间罕觏。此等世守陈编之家，宜俾专藏勿失，以永留贻。鲍士恭、范懋柱、汪启淑、马裕四家，着赏《古今图书集成》各一部，以为好古之劝。又如进书一百种以上江苏之周厚堉、蒋曾莹，浙江吴玉墀、孙仰曾、汪汝瑮及朝绅中黄登贤、纪昀、励守谦、汪如藻等，亦俱藏书旧家，并着每人赏给内府初印之《佩文韵府》各一部，俾亦珍为世宝，以示嘉奖。以上应赏之书，其外省各家,着该督抚盐政派员赴武英殿领回分给;其在京各员,即令其亲赴武英殿祗领⑦,仍将此通谕知之。钦此。《古今图书集成》共五千二百卷,分类三十二典。振伯敬谨珍藏,装成五百二十匣,藏贮十柜,供奉正厅。

【注释】

① 策府:帝王藏书之所。

② 裨(bì):使获益。

③ 词臣:指文学侍从,翰林之类的官员。

④ 几余:处理政事后的闲暇时间。

⑤ 录副:抄录副本。

⑥ 弆(jǔ)藏:收藏。

⑦ 祗领:敬领。

东园考

东园在重宁寺东。先是郡中东园有二:天宁寺之东园,即兰若,系天宁寺下院分院;莲性寺之东园,即贺园,皆非今江氏所构之东园也。江氏因修梅花书院,遂于重宁寺旁复梅花岭,高十余丈,名曰东园,建枋楔。曰麟游凤舞园。门面南,高柳夹道,中建石桥,桥下有池,池中异鱼千尾。过桥建厅事五楹,赐名"熙春堂",及"春色芳菲入图画,化机活泼悟鸢鱼"一联。御制诗云:"重宁寺侧堂,诜荡霭韶光。老柏蔚今色,时梅发古香。玲珑湖石径,淡沲绣漪塘。适以熙春额,同民乐未央。"堂后广厦五楹,左有小室,四围凿曲尺池,池中置磁山①,别青、碧、黄、绿四色。中构圆室,顶上悬镜，四面窗户洞开，水天一色，赐名"俯鉴室"，及"水木自清华，方壶纳景；烟云共澄霁，圆镜涵虚"一联。御制诗云："流水泌围阶，文鱼游可数。匡床近潜置，鉴影座中俯。开奁照须眉，觌面忘宾主。设云堪喻民，其情大可睹。"是室屋脊作卍②字吉祥相。室外石笋迸起，溪泉横流，筑室四五折，逾折逾上，及出户外，乃知前历之石桥、熙春堂诸胜，尚在下一层。至此平台规矩更整，登高眺远，举江外诸山及南城外帆樯来往，皆环绕其下。堂右厅事五楹，中开竹径，赐名"琅玕丛"。其后广厦十数间，为三卷厅，厅前有门，门外即文昌阁。

【注释】

① 磁山：用瓷做的假山。

② 卍：佛教中以"卍"为吉祥的标记。武则天时，定其读音为万。

东园瀑布

东园墙外东北角，置木柜于墙上，凿深池，驱水工开闸注水为瀑布，入俯鉴室。太湖石鳞八九折，折处多为深潭，雪溅雷怒，破崖而下，委曲曼延，与石争道，胜者冒出石上，澎湃有声，不胜者凸凹相受，旋濩①萦洄，或伏流尾下，乍隐乍现，至池口乃喷薄直泻于其中。此善学倪云林②笔意者之作也。门外双柏，立如人，盘如石，垂如柳，游人谓水树以是园为最。

【注释】

① 旋濩（huò）：回旋奔涌。濩，形容水流汹涌的样子。

②倪云林：名瓒，字元镇，自号云林居士，无锡人。元代著名画家，擅画山水、墨竹。著有《清秘阁集》。

御书楼

御书楼在御花园中。园之正殿名大观堂，楼在大观堂之旁，恭贮颁定《图书集成》①全部，赐名"文汇阁"，并"东壁流辉"扁。壬子间，奉旨江、浙有愿读中秘书者②，如扬州大观堂之文汇阁、镇江口金山之文宗阁、杭州圣因寺之文澜阁，皆有藏书。著四库馆再缮三分，安贮两淮，谨装潢线订。文汇阁凡三层，宋庮③楹柱之间，俱绘以书卷，最下一层，中供《图书集成》，书面用黄色绢；两畔橱皆经部，书面用绿色绢；中一层尽史部，书面用红色绢；上一层左子右集，子书面用玉色绢，集用藕合色绢。其书帙④多者用楠木作函贮之，其一本二本者用楠木版一片夹之，束之以带，带上有环，结之使牢。文宗阁江都汪容甫管之，文汇阁仪征谢士松管之。汪容甫尝欲以书之无刻本或有刻本而难获者，以渐梓刻，未果行而死。今容甫所管，改为申嘉祐、吴载庭管之。申为笏山副宪之子，工诗。

【注释】

①《图书集成》：即《古今图书集成》，编成于康熙年间，是我国现存的规模最大、搜罗最广、内容最丰的类书。

②中秘书：宫廷藏书。

③宋庮（máng liù）：房屋的大梁。

④书帙（zhì）：泛指书籍。帙，书卷的外套。

天宁寺行宫

杏园大门内土阜,如京师翰林院大门内之积沙,房庑如京师八旗官房,房以三间为进,一进一门,以设六位处六部,及百司皆有攸处。中建厅事,周以垣墙,以待军机,耳房张帷帐。

买卖街上岸建官房十号,如南苑官署房三层共十八间之例,以备随从官宿处,名曰十号公馆。乾隆十五年定例,离水次十里内仍回本船住宿,如相距甚远,酌备房屋栖止,故是地建设公馆。迨十七年,扈从官员已给船乘载,概不预备公馆,故是地公馆虽设而居者甚少。驾过后,则盐务候补官居之。

天宁门至北门,沿河北岸建河房,仿京师长连、短连、廊下房及前门荷包棚、帽子棚做法,谓之买卖街。令各方商贾辇运珍异,随营为市,题其景曰"丰市层楼"。

恩奉院在买卖上街路北,门内土阜隆起,下开便门,通御花园,四围廊房内建官房数十间,以备随营管领关防宿处。

空地屯随从官兵执事人等,闲时则为盐务候补官所居。园后空地,周围木栅养马。中建黄木栅,为御马厂,四围栏绿旗各标营马四千匹,踢缨上镌某营某兵马匹字样,武弁守之。江北向拨绿旗各标营马,江南向拨江宁、京口驻防营马各四千匹,绿营马通省四千有零,于藩库各官养廉马价内给银采买马匹喂养添补。京口营马亦只四千有零,调拨江西省六百匹添补。至大臣官员拜唐阿自乘马匹及驼只,前于登舟时交山东巡抚彼地喂养。其随从驼只渡河来者,另立木栅,谓之骆驼营。北郊多空地,备随营官兵施帐房布罩,立风旗识别,掘地为土灶,夜悬晃灯于旗竿上,竿下拴马匹,割草打柴,设草厂柴关,晚出帐巡逻,谓之"唧喽喊"。向例侍卫拣派三班,兵丁拣派一千名,各处官员拜唐阿等酌派。旱路扎营则备大城蒙古包帐房桩橛,至江南水路,兵丁减半,章京四十员,虎枪侍卫兵丁一百零三十七员中拣派四十,皆谓之随营官兵,给船乘载,故是地帐房只唧喽喊一门人等,若城门马头、园亭寺观,皆有隶人给事,着卒衣,题识其上为某营兵某,狼山总兵司之。兵丁多扬州营及调拨奇兵泰州、青山、瓜洲、三江水师诸营马步战等,盐务准借一月粮饷。

各园水旱门派兵稽察,凡工商亲友仆从料估工匠梨园等,例佩腰牌,验明出入。印给腰牌,巡盐御史司之。

满汉全席

上买卖街前后寺观皆为大厨房,以备六司百官食次。第一分头号五簋[①]碗十件:燕窝鸡丝汤、海参汇猪筋、鲜蛏萝卜丝羹、海带猪肚丝羹、鲍鱼汇珍珠菜、淡菜虾子汤、鱼翅螃蟹羹、蘑菇煨鸡、辘轳锤、鱼肚煨火腿、鲨鱼皮鸡汁羹、血粉汤,一品级汤饭碗;第二分二号五簋碗十件:鲫鱼舌汇熊掌、米糟猩唇猪脑、假豹胎、蒸驼峰、梨片伴蒸果子狸、蒸鹿尾、野鸡片汤、风猪片子、风羊片子、兔脯、奶房签,一品级汤饭碗;第三分细白羹碗十件:猪肚假江瑶、鸭舌羹、鸡笋粥、猪脑羹、芙蓉蛋、鹅肫掌羹、糟蒸鲥鱼、假班鱼肝、西施乳、文思豆腐羹、甲鱼肉片子汤、玺儿羹,一品级汤饭碗;第四分毛血盘二十件:獾炙哈尔巴小猪子、油炸猪羊肉、挂炉走油鸡鹅鸭、鸽臛[②]、猪杂什[③]、羊杂什、燎毛猪羊肉、白煮猪羊肉、白蒸小猪子小羊子鸡鸭鹅、白面馎馎卷子、十锦火烧、梅花包子；第五分洋碟二十件：热吃劝酒二十味、小菜碟二十件、枯果十彻 ④ 桌、鲜果十彻桌。所谓"满汉席"也。

【注释】

① 簋（guǐ）：盛食物的器皿，圆口，有两耳。

② 臛（huò）：肉羹。

③ 杂什：由多种原料制成或用多种花样拼成的食品。

④ 彻：排。

卷五 新城北录下

花部雅部

天宁寺本官商士民祝釐①之地。殿上敬设经坛,殿前盖松棚为戏台,演仙佛麟凤、太平击壤②之剧,谓之大戏③,事竣拆卸。迨重宁寺构大戏台,遂移大戏于此。两淮盐务例蓄花、雅两部④,以备大戏。雅部即昆山腔,花部为京腔、秦腔、弋阳腔、梆子腔、罗罗腔、二簧调⑤,统谓之乱弹⑥。昆腔之胜,始于商人徐尚志征苏州名优为老徐班,而黄元德、张大安、汪启源、程谦德各有班,洪充实为大洪班,江广达为德音班,复征花部为春台班,自是德音为内江班⑦,春台为外江班⑧。今内江班归洪箴远,外江班隶于罗荣泰,此皆谓之内班⑨,所以备演大戏也。

【注释】

①祝釐(xī):祈祷祝福。

②击壤:传说帝尧时代,天下太平,百姓闲适,有老人击壤(敲打土地)而歌,后便用"击壤"形容太平盛世。

③大戏:这里是指整本戏。

④花、雅两部:花部指昆山腔以外的地方戏曲剧种,风格粗犷,语言通俗。雅部专指昆山腔。因其多受封建士大夫的喜爱,故而称为

"雅部"。

⑤ 昆山腔：戏曲声腔剧种，形成于元末，起源于江苏昆山，曲调细腻宛转。在清代中叶，随着地方戏曲的兴盛，走向衰落。京腔：戏曲声腔剧种。在明末清初弋阳腔传到北京后，与当地语言结合而成。秦腔：戏曲声腔剧种，形成于明代中叶，起源于陕、甘一带。弋阳腔：戏曲声腔剧种，起源于元代江西弋阳，明代最为流行，后与各地戏曲结合形成。梆子腔：戏曲声腔，是对用梆子作打击乐器击节的剧种的统称，起源于陕、甘一带。罗罗腔：戏曲声腔剧种，清康熙年间流行于湖北、江西，乾隆年间传至扬州。腔调轻松活泼，类似民间小曲。二簧调：戏曲声腔剧种，清代初期由"吹腔""高拨子"在徽班中演变而成。

⑥ 乱弹：昆腔以外所有剧种的总称。

⑦ 内江班：即德音班，组班人为江春，专演昆剧，故称内江班。

⑧ 外江班：即春台班，组班人也是江春，专演乱弹，演员多来自外地，故称外江班。

⑨ 内班：官办的戏班。上述戏班均为富商组建的私家戏班，与官办类似，也称作"内班"。

黄文旸和《曲海》

乾隆丁酉，巡盐御史伊龄阿奉旨于扬州设局修改曲剧，历经图思阿并伊公两任，凡四年事竣。总校黄文旸、李经，分校凌廷堪、程枚、陈治、荆汝为，委员淮北分司张辅、经历查建佩、板浦场大使汤惟镜。

⋯⋯

修改既成,黄文旸著有《曲海》二十卷。今录其序目云:乾隆辛丑间,奉旨修改古今词曲,予受盐使者聘,得与修改之列,兼总校苏州织造进呈词曲,因得尽阅古今杂剧传奇。阅一年,事竣,追忆其盛,拟将古今作者各撮其关目大概①,勒成一书。既成,为总目一类,以记其人之姓氏。然作是事者多自隐其名,而妄作者又多伪托名流之欺世;且其时代先后,尤难考核,即此总目之成,已非易事矣。

【注释】

① 关目:戏曲术语,指戏曲中的主要情节。

江湖十二脚色

城内苏唱街老郎堂①,梨园总局也②。每一班入城,先于老郎堂祷祀,谓之挂牌;次于司徒庙演唱,谓之挂衣。每团班在中元节,散班在竹醉日③。团班之人,苏州呼为"戏蚂蚁"④,吾乡呼为"班揽头"。吾乡地卑湿,易患癣疥,吴人至此,易于沾染,班中人谓之"老郎疮"。梨园以副末⑤开场,为领班,副末以下老生、正生、老外、大面、二面、三面七人⑥,谓之男脚色;老旦、正旦、小旦、贴旦四人⑦,谓之女脚色;打诨一人,谓之杂⑧。此江湖十二脚色,元院本旧制也⑨。苏州脚色优劣,以戏钱多寡为差,有七两三钱、六两四钱、五两二钱、四两八钱、三两六钱之分,内班脚色皆七两三钱,人数之多,至百数十人,此一时之胜也。

【注释】

① 苏唱：清代称扬州人细吹细打兼唱词曲的江南清音为"苏唱"。老郎堂：供奉老郎神的祠堂。旧时戏曲艺人将其供奉的祖师称为老郎神，相传或为唐明皇，或为李后主，说法不一。

② 梨园：唐玄宗时曾在梨园训练宫廷歌舞艺人，后人便以"梨园"作为戏班的称呼。

③ 竹醉日：栽竹的日子。民间以五月十三日为龙的生日，可以种竹。

④ 戏蚂蚁：苏州人对组织戏班的人的称呼，也就是班主。下文"班揽头"也指班主。

⑤ 副末：演出开始时向观众介绍所演剧目大概情况的脚色，类似于今天的主持人、报幕员。

⑥ 正生：小生。老外：扮演老年男子的脚色。大面：即大花脸。二面：即副净，又叫二花脸。三面：即"丑"，又称三花脸。

⑦ 正旦：即青衣，多为庄重的中青年妇女形象。小旦：在昆剧中多为闺门小姐的形象。贴旦：在一剧中次要的旦脚。

⑧ 杂：戏中不重要的角色。

⑨ 院本：原为演出时所用的脚本，后泛指杂剧。

名角周德敷和马文观

大面周德敷，小名黑定，以红黑面笑叫跳擅场。笑如《宵光剑》铁勒奴①，叫如《千金记》②楚霸王，跳如《西川图》③张将军诸出。同时刘君美、马美臣并胜。马文观，字务功，为白面④，兼工副净，以《河套》《参相》《游殿》《议剑》诸出擅场。白面之难，声音气局⑤，必极其胜，沉雄之气寓于嬉笑怒骂者，均于粉光中透出。二

卷五 新城北录下

51

面之难,气局亚于大面,温暾近于小面,忠义处如正生,卑小处如副末,至乎其极。又服妇人之衣,作画面丫头,与女脚色争胜。务功兼工副净,能合大面、二面为一气,此所以白面擅场也。其徒王炳文,谨守务功白面诸出,而不兼副净,故凡马务功之戏,炳文效之,其神化处尚未能尽。

【注释】

①《宵光剑》:昆曲曲谱,明代徐复祚撰,三十出,以卫青配剑为名,演卫青历经磨难最终被封为大将军的故事。铁勒奴:卫青的朋友。

②《千金记》:明代沈采撰,五十折,演韩信、项羽楚汉争霸的故事。

③《西川图》:清初人作,演刘备、诸葛亮取西川的故事。

④白面:扮演净脚中涂白面的人物,也叫"白净"。

⑤气局:气度格局。

吴朱恩怨

徐班散后,脚色归苏州,值某榷使①拘之入织造府班。迨洪班起,诸人相继得免,惟吴大有、朱文元二人总管府班,不得免,家益贫,交益深,乃相约此生终始同班。逾年,文元逸去,入洪班三年乃归。大有侦知之,拘入府班十年。是时大有家渐丰,文元贫欲死,挽大有之友代谢罪。大有恨其背己,而知其贫也,乃求于榷使罢之,遂归德音班。先是文元去后,洪班遂无老生,不得已以张班人代之。及江班起,更聘刘亮彩入班,亮彩为君美子,以《醉菩提》全本得名,而江鹤亭嫌其吃字,终以不得文元为憾。及文元罢府班来,鹤亭喜甚,乃舟甫抵岸,猝暴卒。

① 榷使：负责征收税利的官员。

大面范松年

大面范松年，为周德敷之徒，尽得其叫跳之技。工《水浒记》评话，声音容貌，摸^①写殆尽。后得啸技，其啸必先敛之，然后发之。敛之气沉，发乃气足。始作惊人之音，绕于屋梁，经久不散。散而为一溪秋水，层波如梯，如是又久之，长韵嘹亮不可遏，而为一声长啸，至其终也，仍嘤嘤然作洞穴声。中年入德音班，演铁勒奴，盖于一部，有周德敷再世之目。

【注释】

① 摸：通"摹"，模仿。

后场

后场一曰场面^①。以鼓为首，一面谓之单皮鼓，两面则谓之荸荠鼓，名其技曰鼓板^②。鼓板之座在上鬼门^③，椅前有小搭脚仔凳^④，椅后屏上系鼓架。鼓架高二尺二寸七分，四脚，方一寸二分，上雕净瓶头，高三寸五分，上层穿枋仔四八根，下层八根。上层雕花板，下层下绦环柱子横圹仔尺寸同。单皮鼓例在椅右下枋，荸荠鼓与板，例在椅屏间。大鼓箭^⑤二，小鼓箭一，在椅垫下。此技徐班朱念一为最，声如撒米，如白雨^⑥点，如裂帛破竹。一日登场时，鼓箭为人窃去，将以困之也。念一曰："何不窃我手去！"

后入洪班。其徒季保官左手击鼓,右手按板,技如其师,而南曲熨贴⑦处不逮远甚,后自京病废,归江班。张班陆松山亦左手击鼓,江班又有孙顺龙,洪班有王念芳、戴秋朗,皆以鼓板著名。

【注释】

①场面:戏曲演出时所用各种伴奏乐器和演奏者的总称,因其位置在后台,故又称后场。

②鼓板:单皮鼓与檀板的合称,两者由同一人操作。

③上鬼门:戏台上的上场门。因所扮角色皆是已故之人,出入于此,故称鬼门。

④仔凳:供鼓师搁脚用的小凳。

⑤鼓箭:即击鼓棒,有大小之分。

⑥白雨:冰雹。

⑦熨贴:贴切,妥贴。

弦子①之座,后于鼓板,弦子亦鼓类,故以面称。弦子之职,兼司云锣、锁哪、大铙。此技有二绝:其一在做头断头。曲到字出音存时谓之腔,弦子高下急徐谓之点子,点子随腔为做头,至曲之句读处如"昆吾切玉"为断头。其一在弦子让鼓板。板有没板、赠板、撒赠、撤板之分。鼓随板以呈其技,若弦子,复随鼓板以呈其技。于鼓板空处下点子谓之让,惟能让鼓板乃可以盖鼓板,即俗之所谓清点子也。此技徐班唐九州为最。九州本苏州祝献②出身,无曲不熟,时人呼为"曲海"。同时薛贝琛,曲文不能记半句,登场时无不合拍,时人呼为仙手。今洪班则杨升闻为最。升闻小名通圆头,九州之徒,尽得其传。其次则陆其亮、璩万资二人。

笛子之人在下鬼门①。例用雌雄二笛，故古者笛床二枕，笛托二柱，若备用之笛，多系椅屏上。笛子之职，兼司小钹。此技有二绝：一曰熟，一曰软。熟则诸家唱法，无一不合；软则细致缜密，无处不入。此技徐班许松如为最。松如口无一齿，以银代之，吹时镶于龂龆②上，工尺寸黍不爽。次之戴秋阆最著，庄有龄以细腻胜，郁起英以雄浑胜，皆入江班，有龄指离笛门不过半黍。今洪班则陈聚章、黄文奎二人。

笙之座后于笛。笙之职亦兼锁哪，笙为笛之辅，无所表见，故多于吹锁哪时，较弦子上锁哪先出一头。其实用单小锁哪若"大江东去"之类，仍为弦子掌之。

戏场桌二椅四，桌陈列若"丁"字，椅分上下两鬼门"八"字列。场面之立而不坐者二：一曰小锣，一曰大锣。小锣司戏中桌椅板凳，亦曰走场，兼司叫颡子。大锣例在上鬼门，为鼓板上支鼓架子，是其职也。至于号筒、哑叭、木鱼、汤锣，则戏房中人代之，不在场面之数。

本地乱弹

郡城花部，皆系土人，谓之本地"乱弹"，此土班也。至城外邵伯、宜陵、马家桥、僧道桥、月来集、陈家集人，自集成班，戏文亦间用元人百种，而音节服饰极俚，谓之"草台戏"，此又土班之甚者也。若郡城演唱，皆重昆腔，谓之"堂戏"①。本地乱弹只行之祷祀，谓之"台戏"②。迨五月昆腔散班，乱弹不散，谓之"火班"。后句容有以梆子腔来者，安庆有以二簧调来者，弋阳有以高腔来者，湖广有以罗罗腔来者。始行之城外四乡，继或于暑月入城，谓之"赶火班"。而安庆色艺最优，盖于本地乱弹，故本地乱弹间有聘之入班者。京腔用汤锣不用金锣，秦腔用月琴不用琵琶。京腔本以宜庆、萃庆、集庆为上，自四川魏长生③以秦腔入京师，色艺盖于宜庆、萃庆、集庆之上。于是京腔效之，京秦不分。迨长生还四川，高朗亭④入京师，以安庆花部，合京、秦两腔，名其班曰三庆，而曩之宜庆、萃庆、集庆遂淹没不彰。郡城自江鹤亭⑤征本地乱弹，名"春台"，为外江班，不能自立门户，乃征聘四方名旦，如苏州杨八官、安庆郝天秀之类。而杨、郝复采长生之秦腔，并京腔中之尤者，如《滚楼》《抱孩子》《卖饽饽》《送枕头》之类。于是春台班合京、秦二腔矣。熊肥子演《大夫小妻打门吃醋》，曲尽闺房儿女之态。

【注释】

① 堂戏：昆腔多为上等人家唱堂会，称为"堂戏"。

56

② 台戏:乱弹只能在节日性的庙会上演出,称为"台戏"。

③ 魏长生:著名秦腔演员,字婉卿,四川金堂人,擅长花旦。

④ 高朗亭:演员兼班主,安徽人,原籍江苏宝应,创三庆班,为四大徽班之一。

⑤ 江鹤亭:即江春,号鹤亭。

花部脚色

凡花部脚色,以旦、丑、跳虫①为重,武小生、大花面次之。若外、末不分门,统谓之男脚色;老旦、正旦不分门,统谓之女脚色。丑以科诨②见长,所扮备极局骗③俗态,拙妇騃男④,商贾刁赖,楚咻齐语⑤,闻者绝倒。然各囿于土音乡谈,故乱弹远不及昆腔,唯京师科诨皆官话,故丑以京腔为最。如凌云浦本世家子,工诗善书,而一经傅粉登场,喝采不绝。广东刘八,工文词,好驰马,因赴京兆⑥试,流落京师,成小丑绝技。此皆余亲见其极盛,而非土班花面之流亚也⑦。吾乡本地乱弹小丑,始于吴朝、万打岔,其后张破头、张三网、痘张二、郑士伦辈皆效之,然终止于土音乡谈,取悦于乡人而已,终不能通官话。近今春台聘刘八入班,本班小丑效之,风气渐改。

【注释】

① 跳虫:丑角的一种。为武丑。

② 科诨:"插科打诨"的省称。

③ 局骗:设置圈套来骗人。

④ 拙妇騃(ái)男:蠢笨的男女。

⑤ 楚咻(xiū)齐语：典出《孟子·滕文公下》。说的是一个楚人想学齐国的语言，但周围的楚人喧闹不已，使他没法学下去。这里用来形容丑角能模仿各地的方言。咻，喧闹的意思。

⑥ 京兆：泛指京城。

⑦ 花面：丑角又称为"小花面"。

刘八之妙，如演《广举》一出，岭外举子赴礼部试，中途遇一腐儒，同宿旅店，为群妓所诱。始则演论理学，以举人自负，继则为声色所惑，衣巾尽为骗去，曲尽迁态。又有《毛把总到任》一出，为把总以守汛之功，开府作副将。当其见经略，为畏缩状；临兵丁，作傲倨状；见属兵升总兵，作欣羡状、妒状、愧耻状；自得开府，作谢恩感激状；归晤同僚，作满足状；述前事，作劳苦状；教兵丁枪箭，作发怒状；揖让时，作失仪状；经略呼，作惊愕错落状。曲曲如绘，惟胜春班某丑效之能仿佛其五六；至《广举》一出，竟成《广陵散》矣 ①。

【注释】

①《广陵散》：三国魏嵇康善弹此曲，秘不授人，刑前索琴弹奏一曲，称"《广陵散》于今绝矣"。后人便以此形容绝响，无人可继。

戏外高人

程志辂，字载勋，家巨富，好词曲。所录工尺 ① 曲谱十数橱，大半为世上不传之本。凡名优至扬，无不争欲识，有生曲不谙工尺者，就而问之。子泽，字丽文，工于诗，而工尺四声之学，尤习其家传。

纳山胡翁，尝入城订老徐班下乡演关神戏，班头以其村人也，绐②之曰："吾此班每日必食火腿及松萝茶③，戏价每本非三百金不可。"胡公一一允之。班人无已，随之入山。翁故善词曲，尤精于琵琶。于是每日以三百金置戏台上，火腿、松萝茶之外，无他物。日演《琵琶记》全部，错一工尺，则翁拍界尺叱之，班人乃大惭。

又西乡陈集尝演戏，班人始亦轻之。既而笙中簧坏，吹不能声，甚窘。詹政者，山中隐君子也，闻而笑之，取笙为点之。音响如故，班人乃大骇。詹徐徐言数日所唱曲，某字错，某调乱，群优皆汗下无地。

胡翁久没，詹亦下世，惟程载勋尚存。然亦老且贫，曲本亦渐散失，德音班诸工尺，汪损之尝求得录之。不传之调，往往而有也。

【注释】

① 工尺：泛指戏曲曲谱上曲词右侧所注音阶符号，传统上有七个音符：上、尺、工、凡、六、五、乙。

② 绐(dài)：哄骗。

③ 松萝茶：产于安徽歙县松萝山的一种茶。

卷六　城北录

卷石洞天

　　"卷石洞天"①在"城闉清梵"之后,即古郧园地。郧园以怪石老木为胜,今归洪氏。以旧制临水太湖石山,搜岩剔穴,为九狮形,置之水中,上点桥亭,题之曰"卷石洞天",人呼之为小洪园②。园自芍园便门过群玉山房长廊,入薜萝水榭。榭西循山路曲折入竹柏中,嵌黄石壁,高十余丈,中置屋数十间。斜折川风,碎摇溪月。东为契秋阁,西为委宛山房,房竟多竹,竹砌石岸。设小栏,点太湖石。石隙老杏一株,横卧水上,夭矫③屈曲,莫可名状。人谓北郊杏树,惟法净寺方丈内一株与此一株为两绝。其右建修竹丛桂之堂,堂后红楼抱山,气极苍莽。其下临水小屋三楹,额曰"丁溪",旁设水马头。其后土山逶迤,庭宇萧疏,剪毛栽树,人家渐幽,额曰射圃,圃后即门。

【注释】

　　①卷石洞天:卷石即"拳石",石小如拳的意思。洞天,道教称神仙的居处,指洞中别有天地。

　　②小洪园:相对于"大洪园"倚虹园而言。卷石洞天、倚虹园皆为清奉宸卿洪征治家所有,故有大小之分。

③ 天矫：树枝屈伸的样子。

九狮山

狮子九峰，中空外奇，玲珑磊块^①，手指攒撮^②，铁线疏剔^③，蜂房相比，蚁穴涌起，冻云合沓^④，波浪激冲，下木浅土，势若悬浮，横竖反侧，非人思议所及。树木森戟，既老且瘦。夕阳红半楼飞檐峻宇，斜出石隙。郊外假山，是为第一。

【注释】

① 磊块：石块。

② 攒撮：聚合，簇聚。

③ 疏剔：清理剔除。

④ 冻云：严冬时的阴云。合沓(tà)：重叠、积聚的样子。

楼桥佳构

楼之佳者，以夕阳红半楼、夕阳双寺楼为最。桥之佳者，以九狮山石桥及春台旁砖桥、"春流画舫"中萧字桥、九峰园美人桥为最，低亚作梗，通水不通舟。

曲廊

薜萝水榭之后，石路未平，或凸或凹，若踶若啮^①，蜿蜒隐见，绵亘数十丈。石路一折一层，至四五折，而碧梧翠柳，水木明瑟。中构小庐,极幽邃窈窕^②之趣,颜曰"契秋阁"。联云:"渚花张素锦<small>杜甫</small>,月桂朗冲襟<small>骆宾王</small>。"过此又折入廊,廊西又折,折渐多,廊渐宽,前三间,后三间,中作小巷通之,覆脊如"工"字。廊竟又折,非楼非阁,罗幔绮窗,小有位次。过此又折入廊中,翠阁红亭,隐跃栏槛。忽一折入东南阁子,躐^③步凌梯,数级而上,额曰"委宛山房",联云:"水石有余态<small>刘长卿</small>,凫鹭亦好音<small>张九龄</small>。"阁旁一折再折,清韵丁丁,自竹中来。而折愈深,室愈小,到处粗可起居,所如顺适,启窗视之,月延四面,风招八方。近郭溪山,空明一片。游其间者,如蚁穿九曲珠,又如琉璃屏风,曲曲引人入胜也。

【注释】

① 若跿(dì)若啮(niè):形容石路凹凸不平的样子。跿啮,踢咬。

② 窈窕:形容山水幽深的样子。

③ 躐(liè):超越。

丁溪

扬州城郭,其形似鹤,城西北隅雉埤^①突出者,名仙鹤膝。鹤膝之对岸,临水筑室三楹,颜曰"丁溪"。盖室前之水,其源有二:一自保障湖来,一自南湖来,至此合为一水,而古市河水经鹤膝北岸来会,形如"丁"字,故名丁溪,取"巴江学字流"之意也。联云:"人烟隔水见<small>皇甫冉</small>,香径小船通<small>许浑</small>。"

① 雉堞(pì): 城上短墙。

空窗观花

筋咏楼联云:"香溢金杯环满座_{徐彦伯},诗成珠玉在挥毫_{杜甫}。"楼之左作平台,通东边楼。楼后即小洪园、射圃,多梅,因于楼之后壁开户,裁纸为边,若横披画式,中以木槅嵌合,俟小洪园花开,趣抽去木槅,以楼后梅花为壁间画图,此前人所谓"尺幅窗无心画"也。

盐商富态

徽州歙县棠樾鲍氏,为宋处士鲍宗岩之后,世居于歙。志道字诚一,业醝①淮南,遂家扬州。初,扬州盐务竞尚奢丽,一婚嫁丧葬,堂室饮食,衣服舆马,动辄费数十万。有某姓者,每食,庖人②备席十数类。临食时,夫妇并坐堂上,侍者抬席置于前,自茶面荤素等色,凡不食者摇其颐③,侍者审色则更易其他类。或好马,蓄马数百,每马日费数十金。朝自内出城,暮自城外入,五花灿著,观者目眩。或好兰,自门以至于内室,置兰殆遍。或以木作裸体妇人,动以机关,置诸斋阁,往往座客为之惊避。其先以安绿村为最盛,其后起之家,更有足异者,有欲以万金一时费去者,门下客以金尽买金箔,载至金山塔上,向风飏之,顷刻而散,沿江草树之间,不可收复。又有三千金尽买苏州不倒翁,流于水中,波为之塞。有喜美者,自司阍④以至灶婢,皆选十数龄清秀之辈;或反之而极尽用奇丑者,自镜之以为不称,毁其面以酱敷之,暴于日中。有好大者,以铜为溺器,高五六尺,夜欲溺,起就之。一时争奇斗异,不可胜记。

【注释】

① 业䴹:从事盐务。䴹:盐。

② 庖人:厨师。

③ 颐:下巴。

④ 司阍:看门的人。

自诚一来扬,以俭相戒。值郑鉴元好朱程性理之学,互相倡率,而侈靡之风,至是大变。诚一拥资巨万,然其妻妇子女,尚勤中馈①箕帚之事。门不容车马,不演剧,淫巧之客,不留于宅。先是商家宾客奴仆,薪俸公食之数甚微,而凡有利之事,必次第使之,不计贤否。诚一每用一客,必等②其家一岁所费而多与之,果贤则重委以事,否则终年闲食也。

注释】

① 中馈:指妇女为家人烹饪膳食。

② 等:比较,衡量。

刘大观评点杭苏扬

刘大观,字松岚,山东丘县拔贡生①。工诗善书,官广西知县。丁艰时②,为江南浙江之游。扬州名园,江外诸山,以及浒墅、西湖诸胜迹,极乎天台、雁荡之间,挥素擘笺③无虚日。归过扬州,主朱敬亭家。尝游鲍氏园,赠之以画。尝谓人曰:"杭州以湖山胜,苏州以市肆胜,扬州以园亭胜。三者鼎峙,不可轩轾④。"洵至论也⑤。

【注释】

① 拔贡生:清朝国子监贡生名目之一,即由各省学政在当地选拔优秀生员贡入国子监,然后经过朝考合格,授予七品京官或知县。

② 丁艰:即丁忧,指遭逢父母丧事。古代礼制规定:在为父母守丧的三年时间内,不得婚嫁、赴宴、科考,任官者须离职。

③ 挥素擘(bò)笺:挥笔裁纸,意指题诗作画。

④ 轩轾(zhì):褒贬抑扬。车前高后低叫轩,车前低后高叫轾,引申为高低、优劣。

⑤ 洵:确实,实在。至论:高明的评论。

仙鹤膝叫化

西炮子寨在城西北角,一名仙鹤膝,相传城形如仙鹤,是处如鹤膝。《梦香词》云:"北郭寒烟凝鹤膝。"即此。此地有桥名转角,桥板不设,以通西南门画舫。凡松濠畔乞儿,每于农隙胜游之日,男妇众多,沿城随船展手叫化,多里谣颂祷之词。其风始于病瘫老妇,肘行膝步,歌《钉打铁》曲。其词云:"钉打铁,铁打钉,烧破绫罗没补丁。打红伞,抬官轿,吹着筚栗①掌着号。动动手,年年游湖又吃酒。开开口,一直过到九十九。"是皆广东布刀歌之属②。丐者至转角桥而止,谓之断桥,或笑之谓其地为叹气湾。

【注释】

① 觱栗:即"觱篥"(bì lì)。古代的一种管乐器,以竹做管,以苇做嘴,汉代时由西域传入。

② 布刀歌:多为乞丐叫化时所唱。

卷七　城南录

广陵潮

瓜洲在大江北岸。康熙间,总河^①于成龙请瓜洲、仪征口交江防同知管理,赵总河世显请于息浪庵护城堤埽工^②。雍正间,江溜^③北趋。嵇总河曾筑于瓜洲沿江抛填碎石,增修埽工,高总河晋以瓜洲城郭并无仓库,沿江一带,多系空旷,原非尺寸必争之地,不如将城收小,让地与江,不致生工。今因之,故于新港口收江。南巡至此,乃出扬郡,回銮至此,乃入扬郡。而炮台口之柳城,已成废隍,今呼为“鬼脸城”。御制诗注云:蔡宽夫《诗话》:润州^④大江本与扬子桥对岸,瓜洲乃江中一洲耳。李绅诗“扬州郭里见潮生”,自瓜洲以闸为限,潮遂不至扬州。夫唐时扬州尚见潮,何况于汉?著述家迁就枚乘赋语^⑤,俱以“曲江观潮”为是杭非扬,且谓广陵旧治甚大,钱塘当在所辖之内者,与刻舟胶柱^⑥之见何异?既为之辩,复作诗云:“江里洲传瓜字曾,广陵潮昔有明征。开元以后襟喉要,乾道之间城堡兴。占地其来亦已久,让川虽妥卒何能。去年异涨坍沙碛,幸保安然惕倍增。”

高旻寺

三汊河在江都县西南十五里。扬州运河之水至此分为二支：一从仪征入江，一从瓜洲入江。岸上建塔名天中塔，寺名高旻寺，其地亦名宝塔湾，盖以寺中之天中塔而名之者也。圣祖南巡，赐名"茱萸湾"。行宫建于此，谓之塔湾行宫，上御制诗有"名湾真不愧"句，即此地也。

高旻寺大门临河，右折。大殿五楹，供三世佛。殿后左右建御碑亭，中为金佛殿。殿本康熙间撤内供奉金佛，遣学士高士奇、内务府丁皂保，赍送寺中供奉，故建是殿。殿后天中塔七层，塔后方丈，左翼僧寮，最后花木竹石，相间成文。为郡城八大刹之一。是寺康熙间赐名高旻寺，并"晴川远适""禅悦凝远""绿荫轩"三匾，及"龙归法座听禅偈，鹤傍松烟养道心"一联，"殿洒杨枝水，炉焚柏子香"一联，碑文一首，俱载郡志。今上南巡，赐"江月澄观"扁，及"潮涌广陵，磬声飞远梵；树连邗水，铃语出中天"一联，敕赐"关帝庙"扁、"气塞宇宙"扁、"天中塔云表天风"扁。舟行至此，金山在望，御制诗"金山不速客，暂尔隐江烟"，谓此。

高旻寺行宫

　　行宫在寺旁，初为垂花门，门内建前中后三殿、后照房。左宫门前为茶膳房，茶膳房前为左朝房，门内为垂花门、西配房、正殿、后照殿。右宫门入书房、西套房、桥亭、戏台、看戏厅。厅前为闸口亭，亭旁廊房十余间，入歇山楼。厅后石版房、箭厅、万字亭、卧碑亭，歇山楼外为右朝房，前空地数十号，乃放烟火处。郡中行宫以塔湾为先，系康熙间旧制。今上南巡，先驻是地，次日方入城至平山堂。御制诗有"纤棹平山路"句，诗注云："自高旻寺行宫策马度郡，至天宁行宫，易湖船，归亦仍之，以马便于船，且百姓得以近光。"谓此。盖丁丑以前皆驻跸是地，天宁寺仅一过而已。迨天宁寺增建行宫，自是由崇家湾抵扬，先驻天宁行宫，次驻高旻行宫；由瓜洲回銮，先驻高旻行宫，次驻天宁行宫。是地赐有"邗江胜地""江表春晖""罨画窗"三匾，"众水回环蜀冈秀，大江遥应广陵涛"一联，"碧汉云开，晴阶分塔影；青郊雨足，春陌起田歌"一联，东佛堂"法云回荫莲花塔，慈照长辉贝叶经"一联，西佛堂"塔铃便是广长舌，香篆还成妙鬘云"一联，"绿野农欢在，青山画意堆"一联。"罨画窗"本避暑山庄内匾额，因是地相似，故以总名名之。诗云："虚窗正对绿波涯，名借山庄号水斋。却似石渠披妙迹，水容山态各臻佳。"

馆驿

馆驿,前扬州皇华亭也。郡中沿运河之城门为便益、东关、缺口、徐宁、钞关五门,皆无皇华亭,至钞关二道沟,下馆驿前,乃建马头邮亭,为来往长官候馆①,额曰"春满江楼"。亭后大路入南门,此依省郡州县古制皇华亭在朝阳门之例。郡城北来之客,多于北桥设松亭彩楼,谓之马头差。平时送饯,皆于是地。若南巡时,则于是地备如意船。

【注释】

① 候馆:指接待过往官员或外国使者的驿馆。

周仓显灵

南门关帝庙在子城内,有周将军①灵异最著。慈溪县成衣②王某者,妻为狐夺③,王患之。羽士理醮无所应④,王苦之,挈妻移居三元庵。狐寻至,为祸愈烈。适张真人舟过运河,王控狐,真人可其请。狐知之,以酒肉钱帛赂王,王为之求免。不许,命法官于中埂街备法坛,又命王于家急备银炭二百斤,大铁火盆一,蜡烛二百斤,沉檀五十斤。次日,法官以小圆镜一,径三寸;小铜剑一,长五寸,命王供于庭中,几上爇香,置铁盆实以炭。将午,法官至,书符于炭上,令王守炭,自往法坛。自是每日中,法官来于炭火上书符而去。狐又以金赂王,王复为之求免,真人怒,命鞭之。王忽自伏地上如答状,起立跛一足。是夜城中十二门齐噪,城楼上有一黑物长四尺许,坠地匿去。至暮,狐来曰:"南门周将军于城上遍插旗帜,我不得出,奈何?"及第六日,法官四十余人来至庭中,围立火盆步罡斗⑤,焚符无数。第七日,令王妻出房,诸法官移火盆、剑、镜入房,法官递更书符,羽士林东厓等七十余人齐奏法曲。至夜半,诸法官鹄立房中,若有所待。一法官忽杖剑出房,若接引状。复至房,诸法官齐书符,移火入瓦罐中。火焰出罐口丈余,焰中作狐语。法官乃以泥封罐口,贮南门子城内周将军足下。

【注释】

① 周将军:即关羽的副将周仓,今关帝庙中以关羽护卫形象供奉。

② 成衣:裁缝匠。

③ 夺:乱其魂魄,占其躯体。

④ 羽士:道士。醮(jiào):和尚、道士设坛祈祷的迷信活动。

⑤ 罡(gāng)斗:即北斗七星。北斗七星的柄称罡。

中埂气脉

中埂在南门街之西。江北无高山峻岭、公安曾氏曰:水里龙神不上山。故堪舆家于郡中多用平洋法①,间有土阜高隆,则为平洋中真龙,如北柳巷之龙背、钞关之埂子上是也。埂子上即上埂,中埂气脉与埂子上不断,街口建九峰园枋楔②。

【注释】

① 堪舆家:看风水的人。平洋:平地。

② 枋楔:牌坊。

砚池染翰

"砚池染翰"① 在城南古渡桥旁。歙县汪氏得九莲庵地,建别墅曰南园,有深柳读书堂、谷雨轩、风漪阁诸胜。乾隆辛巳,得太湖石九于江南,大者逾丈,小者及寻。玲珑嵌空,窍穴千百,众夫辇至,因建澄空宇、海桐书屋,更围雨花庵入园中。以二峰置海桐书屋,二峰置澄空宇,一峰置一片南湖,三峰置玉玲珑馆,一峰置雨花庵屋角,赐名九峰园。御制诗二,一云:"策马观民度郡城,城西池馆暂游行。平临一水入澄照,错置九峰出古情。雨后兰芽犹带润,风前梅朵始敷荣。忘言似泛武夷曲,同异何妨细致评。"一云:"观民缓辔度芜城,宿识城南别墅清。纵目轩窗饶野趣,遣怀梅柳入诗情。评奇都入襄阳拜,笔数还符洛社英。小憩旋教追烟舫,平山翠色早相迎。"注云:"园有九奇石,因以名峰,非山峰也。"

【注释】

① 砚池染翰:该景临砚池,隔岸有文峰塔,人称该塔为文笔,故而命其景为"砚池染翰"。

九峰石

雨花庵门外嵌石刻曰"砚池染翰",联云:"高树夕阳连古巷卢纶,小桥流水接平沙刘兼。"门前石版桥三折,桥头三峻①人立,其洞穴大可蛇行,小者仅容蚁聚,名曰"玉玲珑",又名"一品石"。《图志》云：相传为海岳庵中旧物。赵云崧诗云："九峰园中一品石，八十一窍透寒碧。"盖谓此也。园中九峰，奉旨选二石入御苑，今止存七石。高东井文照《九峰园》诗云："名园九个丈人尊，两叟苍颜独受恩。也似山王通籍去，竹林唯有五君存。"

【注释】

① 崧（zōng）：指数峰并峙的山。

九峰园秋禊

癸丑秋，曾员外燠，转运两淮，修禊是园。为吴谷人翰林锡麒、吴退庵□□煊、詹石琴孝廉肇堂、徐阆斋孝廉嵩、胡香海进士森、吴兰雪上舍嵩梁、吴白厂明经照，丹徒陆晓山绘图。转运序云："莫春修禊，厥事尚已。若乃鲁都作赋，公幹称二七之袯；曲水侍宴，谢朓有濯流之词。前代盖罕闻之，今世无复行者。岁在癸丑，符兰亭之年①；序维上秋，落淮南之叶。下官系出先贤，志希风浴②，矧③兹淮海之会，兼有林谷之胜。公事方暇，素商④届节，不有嘉集，曷申雅怀？乃以七月朔越三日，会宾客于邗水之上，秋禊是举。于时水天一色，风露满衣。羽觞⑤浮而荷气香，斗槎⑥泛而银河近。忆仙人之鹤驾，悲帝子之萤光。鲍赋斯成⑦，牧诗载咏⑧，自有禊事以来，未闻盛于此日者也。古用上巳，今行始秋，用陈洁清之义，匪泥⑨袯除之旨。与斯会者，咸绘于图，凡八人，序之云尔。"转运莅扬州，且接宾客，夕诵文史，部分⑩如流，觞咏多暇。著有《邗上题襟集》，秋禊诗载其中。至于北郊诸名胜，转运燕游唱和，如《十一月望日黄建斋邀游平山堂夜饮湖上即席和韵奉答》

《谷日蜀冈探梅用昌黎人日城南登高韵》《康山留客》诸诗,皆传诵一时。

【注释】

① 兰亭之年:晋代王羲之作《兰亭集序》之年为癸丑年,与曾燠此次秋禊的干支纪年相同,故称"符兰亭之年"。

② 风浴:指借春游而荡濯心胸。

③ 矧(shěn):况且。

④ 素商:指秋天。古代"五行"之说认为,秋天色尚白,其音为商,故称秋天为"素商"。

⑤ 羽觞(shāng):古代的一种酒器,椭圆形、浅腹、平底,两侧有半圆形双耳,汉晋后逐渐消失。

⑥ 斗槎(chá):木筏。

⑦ 鲍赋:指南朝宋鲍照所写的咏扬州名赋《芜城赋》。

⑧ 牧诗:指唐诗人杜牧所写的咏扬州的诗。杜牧是唐诗人中在扬州留下最深影响的一个,名篇有《寄扬州韩绰判官》《题扬州禅智寺》等。

⑨ 泥:拘泥。

⑩ 部分:安排,处理。

御舟水室

御舟水室在古渡禅林后堤。庪屋水上,一舟庪屋五楹,龙凤各二舟,庪屋四层,两旁用红黄竹席围之,以避风雨,名曰"藏舟浦"。此内河御舟,与外河马头备用如意船有别。是舟用四桨,船首刻龙凤,布云母①。或庪板屋飞庐,翠帏羽盖;或用厂船②。其余随从船,或六桨八桨二桨八橹,谓之官船。二桨即今划子船,谓之差船。差后各归工次,谓之园船。惟御舟入藏舟浦,有官司之。自是而北,则西城外矣。

卷八　城西录

影园

影园在湖中长屿上,古渡禅林之北。旁为郑氏忠义两先生祠,祠祀郑超宗、赞可二公。园为超宗所建,园之以影名者,董其昌[①]以园之柳影水影山影而名之也。公童时,其母梦至一处,见造园,问谁氏,曰:"而仲子也。"比长,工画。崇祯壬申,其昌过扬州,与公论六法[②]。值公卜筑[③]城南废园,其昌为书"影园"额。营造逾十数年而成,其母至园中,恍然乃二十年前梦中所见也。

【注释】

① 董其昌:明代著名书画家。字元宰,号思白。

② 六法:中国古代绘画术语,后为中国绘画的总法则和代称。

③ 卜筑:选择地方建筑园林或住宅。

园在湖中长屿上,古渡禅林之右,宝蕊楼之左。前后夹水,隔水蜀冈,蜿蜒起伏,尽作山势。柳荷千顷,萑苇生之。园户东向,隔水南城脚岸,皆植桃柳,人呼为"小桃源"。入门,山径数折,松杉密布,间以梅杏梨栗。山穷,左为荼蘼架,架外丛苇,渔罟所聚。

右小涧，隔涧疏竹短篱，篱取古木为之。围墙甃乱石，石取色斑似虎皮者，人呼为"虎皮墙"。小门二，取古木根如虬蟠者为之。入古木门，高梧夹径。再入门，门上嵌其昌题"影园"石额。转入，穿径多柳，柳尽过小石桥，折入玉勾草堂，堂额郑元岳所书。堂之四面皆池，池中有荷。池外堤上多高柳，柳外长河。河对岸，又多高柳、柳间为阁园、冯园、员园。河南通津，临流为半浮阁，阁下系园舟，名曰"泳庵"。堂下有蜀府海棠二株。池中多石磴，人呼为"小千人坐"。水际多木芙蓉，池边有梅、玉兰、垂丝海棠、绯白桃。石隙间种兰、蕙及虞美人、良姜、洛阳诸花草。由曲板桥穿柳中得门，门上嵌石刻"淡烟疏雨"四字，亦元岳所书。入门曲廊，左右二道入室。室三楹，庭三楹，即公读书处。窗外大石数块，芭蕉三四本，莎罗树一株。以鹅卵石布地，石隙皆海棠。室左上阁与室称，登之可望江南山。时流寇至邻邑，羦使^①邓公谓阁高，惧为贼据，因毁去改为小阁。庭前多奇石，室隅作两岩，岩上植桂，岩下牡丹、垂丝海棠、玉兰、黄白大红宝珠山茶、磬口腊梅、千叶榴、青白紫薇、香橼，备四时之色。石侧启扉，一亭临水，有姜开先题"葫芦中"三字，山阴倪鸿宝题"瀔翠亭"三字，悬于此。亭外为桥，桥有亭，名湄荣。接亭屋为阁，曰"荣窗"。阁后径二，一入六方窦，室三楹，庭三楹，曰一字斋，即徐硕庵教学处。阶下古松一，海榴一。台作半剑环，上下种牡丹、芍药。隔垣见石壁二松，亭亭天半。对六方窦为一大窦，窦外曲廊有小窦，可见丹桂，即出园别径。半阁在湄荣后径之左，陈眉公题"媚幽阁"三字。阁三面临水，一面石壁，壁上多剔牙松，壁下石涧，以引池水入畦。涧旁皆大石怒立如斗，石隙俱五色梅，绕三面至水而穷。一石孤立水中，梅亦就之。阁后窗对草堂，园至是乃竟。

① 醝(cī)使：即清代盐运使。

休园

　　园在流水桥畔，本朱氏园，其地产诸葛菜，亦名诸葛花。园宽五十亩，南向，在所居住宅后，间一街，乃为阁道。而下行如坂，坂尽而径，径尽而门，门内为休园。先是住宅后有含英阁、植槐书屋、碧厂①、耽佳、止心楼诸胜，园中有空翠山亭、蕊栖、挹翠山房、琴啸、金鹅书屋、三峰草堂、语石、樵水、墨池、湛华、卫书轩、含清别墅、定舫、来鹤台、九英书坞、古香斋、逸圃、得月居、花屿、云径、绕花源、玉照亭、不波航、枕流、城市山林、园隐、浮青诸胜，中多文震孟②、徐元文、董香光真迹。止心楼下有美人石，楼后有五百年棕榈，墨池中有蟒，来鹤台下多产药草。子为光，辑《休园志》若干卷。

【注释】

　　① 厂(hǎn)：指山崖边比较浅的岩洞，人可居住。

　　② 文震孟：文征明曾孙。字文起，官至礼部左侍郎，兼东阁大学士。有《姑苏名贤小记》。徐元文：徐乾学弟。字公肃，号立斋，官至文华殿大学士、户部尚书。有《含经堂集》。董香光：董其昌，号香光居士。

诗文之会

　　扬州诗文之会，以马氏小玲珑山馆、程氏筱园及郑氏休园为最盛。至会期，于园中各设一案，上置笔二、墨一、端研一、水注一、笺纸四、诗韵一、茶壶一、碗一、果盒茶食盒各一①。诗成即发刻，三日内尚可改易重刻，出日遍送城中矣。每会酒殽俱极珍美，一日共诗成矣。请听曲，邀至一厅甚旧，有绿琉璃四。又选老乐工四人至，均没齿秃发，约八九十岁矣，各奏一曲而退。倏忽间命启屏门，门启则后二进皆楼，红灯千盏，男女乐各一部，俱十五六岁妙年也。吾闻诸员②周南云，诗牌③以象牙为之，方半寸，每人分得数十字或百余字，凑集成诗，最难工妙，休园、筱园最盛。近共传者，张四科云："舟棹恐随风引去，楼台疑是气嘘成。"药根和尚云："雨窗话鬼灯先暗，酒肆论仇剑忽鸣。"黄北垞云："流水莫非迁客意，夕阳都是美人魂。"汪容甫云："叶脱辞穷巷，莲衰埽半湖。"皆警句也。

【注释】

①端研：即端砚，中国四大名砚之首。研，古同"砚"。水注：专门用来往砚中注水的盛水器。诗韵：作诗所依据的韵书。

②诸员：入门的生员。

③诗牌：诗文游戏。以牌分得杂字，据此凑成诗句，这个牌就是诗牌。

卷九　小秦淮录

扬州城门

　　小东门在旧城东。《嘉靖维扬志》云：小东门楼曰谯楼[①]是也。又云：更鼓、铜壶、滴漏在此楼上。按今之旧城，即宋大城[②]之西南隅。元至正十七年丁酉，金院张德林始改筑之，约十里，周围一千七百七十五丈五尺，高倍之。门五，曰海宁，今曰大东；曰通泗，今曰西门；曰安江，今曰南门；曰镇淮，今曰北门；曰小东，即是门，今仍旧名。南北水关二，引市河水以通于濠。今之新城，即宋大城之东南隅。明嘉靖三十四年乙卯，知府吴桂芳始议兴筑，后守石茂华踵成之。自旧城东南起，折而南，循运河而东，折而北，复折而西，极于旧城之东北角止。东与南北三面，约八里有奇，计一千五百四十二丈。门七：曰挹江，今曰钞关；曰便门，今曰徐宁；曰拱宸，今曰天宁；曰广储；曰便门，今曰便益；曰通济，今曰缺口；曰利津，今曰东关。沿旧城城濠南北水关二，东与南二面，即以运河为城濠，北面作濠，与旧城连，注于运河。此旧城新城之大略也。

【注释】

① 谯（qiáo）楼：古代城门上的瞭望楼。

② 宋大城：南宋建炎二年(1128)，当时的扬州知州吕颐浩用大青砖在原五代周小城的基础上修造城墙，称为"宋大城"。北至潮河，东、南至古运河，西至二道河。

江都甘泉

江都、甘泉二县同附郭，旧城西半壁，新城南半壁，为江都治；旧城东半壁，新城北半壁，为甘泉治。

扬州街巷探古

旧城南门至北大街，三里半，近南门者谓之南门大街，近北门者谓之北门大街，中谓之院大街。自南门始，路东为南门左城脚、薛副使巷巷内右通旧城东南隅无名小巷，出左城脚，左折为孔北海祠，通宋家桥，中有街通寿安寺、寿安寺巷巷右折通孔北海祠，左折通粉妆巷、堂子巷有西雷坛，直通卸甲桥、禾嘉巷通张家桥，巷内路北为缸巷、粉妆巷，出常府巷至常府桥、永丰巷，通小东门左城脚、路西为南门右城脚通水关内义济桥，右折菊巷，巷路西为庆馀街及城西南隅无名街巷，中有扬州卫署、新桥为新桥西街，路南为菊巷及城西南隅，路北为都府引道，街竟右折，为白果树巷，以上为南门大街。十字路口，街东为甘泉县街，街西为太平桥桥上有华大王庙。直街以下，路东为李府巷、拈花庵巷、牛录巷中有例谷仓，巷竟为毓贤街、乌衣巷巷竟为纪家湾、安定书院、曾家园通三元巷、盐院署署前有薰风巷，署东有观风巷，路西为通泗街与牛录巷口对，桥通南小街、三节门亦名清白流芳，以枋楔额名、文津桥过桥即府学、三板桥巷通中小街，以上为院大街。十字路口，街东为大东门大街，街西为开明桥过桥即县学。直街以下，路东为正谊巷左折小街通忠义关帝庙巷，右折材官巷，出大东门大街,直通大东门右城脚无名街巷,关帝庙巷、北门左城脚巷,路西北门右城脚通北水关奎桥,左折为北小街。以上为北门大街,至此抵北门,三街竟于此。

大东门至西门,一里半,近大东门者谓之大东门大街,近西门者谓之西门大街。自大东门始,路南为大东门左城脚巷城脚巷名有九、盐院东、同仁牌楼巷、院大街、中小街、江都县西街、系马桩、西门右城脚巷,路北为大东门右城脚巷、材官巷、北门大街、北小街、县学、叶家门楼俗名十八湾、四望亭通双井、旧书院即维扬书院旧址、郑家楼内有螃蟹巷、洩水汪、西门左城脚巷,至此抵西门,二街乃竟。

南水关至北水关市河,东岸直街为南门、盐院、北门三大街,西岸直街为南中北三小街。小街自南门之菊巷口起,迤北路东为太平桥、通泗桥南小街止、文津桥、三板桥、开明桥中小街止、奎桥北小街止,路西为卞公祠、古巷通里街孙官人巷,巷竟为白果树巷、石狮子巷巷有关帝庙,左折出府照壁、府东圈门府西直街入鹅颈项湾,至升平街口,对过为杨家庙,通西街,由府西右折为府西街,有邗江书院课士堂、观音寺、旧柳巷及城西城脚无名街巷、清军署、府学府学右为江都县,县右为县西街,对过县丞署、城隍庙、禹王庙、石塔寺,通府县两西街,路西为张回巷、梅家巷,通系马桩、县学、西方寺巷内通北王巷、东岳庙街通双井,均右折至奎桥,三小街乃竟。

小东门城脚至大东门城脚有九条巷,其上有两层街,自小东门右城脚起,为兵马司巷、头巷、二巷、三巷内有真武庙、四巷、五巷、六巷、七巷、八巷、九巷,抵大东门大街。上一层街自小东门大街起,路西为糙米巷、旌忠寺巷俗传梁昭明太子著《文选》于此,因于寺后建楼,额曰"梁昭明太子文选楼"。按是地昔名曹宪巷、仁丰里孝子坊、三元巷、杨府关帝庙内有三绝碑在志,旁有火星庙,一名德星街,右折抵大东门大街。上二层街自小东门大街起,路西为李府巷、拈花庵巷,过小司徒庙、毓贤街、九莲庵巷,过纪家湾、曾家园、同仁牌坊、观风巷,右折抵大东门大街,以上皆旧城街巷。

新城东关至大东门大街,三里,近东关者谓之东关大街,近大东门者谓之彩衣街^①。自东关始,路北为便益门大街街东皆城脚无名小巷,街西为仁寿庵巷、草巷,一名张家桥、姚家巷、刘家巷,抵便益门,以上凡街西之巷,皆通二郎庙、宗家店、二郎庙神道庙东为兜兜巷、汪家祠堂,西通万家园、哑官人巷、剪刀巷通万家园、疏理道直路至准提庵,庵东为万家园,西为小关帝庙、昙花庵,庵后为光景好,皆通广储门大街、疏理道右折为后街,通安家巷、过臣止马桥^②、广储门街口街抵广储门,街东为安家巷、留佩对过巷,西为安家店巷、广涛巷,内为樊家园,通天宁门大街、百岁坊即弥陀寺巷、天宁门街口街通天宁门,街东小巷通弥陀巷,街西为磨坊巷,通姜家墩,墩下无名小巷,北至城脚,西至河边、姜家墩,抵大东门钓桥,路南田家巷河下街由此始,右折通琼花观巷、古家巷、羊巷通芍药巷,二巷相通处名银锭桥、问亭巷通财神庙小巷,出观巷,西通盐义仓、观巷直通罗湾,右折地官第,左折琼花观、马监通三祝庵,街西为礼拜寺巷、施家巷通三祝庵桥、薛家巷、万家巷通斗鸡场、北圈门即运司前、北柳巷口一名龙背、董公祠、坡儿下^③,抵大东门钓桥,街竟于此。

【注释】

① 彩衣街:街上多衣局,因以得名裁衣街,后讹作彩衣街,是当时比较繁华的商业地段。

② 臣止马桥:此系一座旱桥。明正德四年十五年,武宗南巡,百官在此下马迎驾,因此得名。又名止马桥,后讹作陈芝麻桥。

③ 田家巷:清末董玉书《芜城怀旧录》载:"明田宏遇以女贵,为左都督。居新城,宅起东关大街,南至缺口街。今之东关田家巷,犹沿

其名。"琼花观街：因琼花观座落于此得名。琼花观始建于汉代元延二年，称"后土祠""后土庙"。宋政和年间，徽宗赐名"蕃釐观"。宋时观中有琼花一株，欧阳修守郡时筑无双亭。此观遂以琼花驰名，俗称"琼花观"。

阙口门^①至小东门大街，三里，近阙口门者谓之阙口大街，上为左卫街、多子街^②，抵小东门街。自阙口始，路北为河下街宏文巷、崇德巷、北始巷、井巷皆通流水桥、皮市口、方家巷通石牌桥、刘家巷、打铜巷、辕门桥口、大儒坊口^③，路南为河下街堂子巷、油坊巷通刘备井、南始巷通洪水汪、蒋家桥、五城巷皆通丁家湾、三十家通三元宫、傅家店通苏唱街、史家店、青莲巷通犁头街、砖街头街东为犁头街、苏唱街、羊肉巷、演法庵巷，右折万安宫，左折引市直路，李官人巷，出河下街，仓巷，在引市路东。街西为达士巷，右折官沟头，出木香巷，抵河下街，出连城巷，抵埂子上、十三湾通达士巷，出埂子上、埂子口^④，至小东门钓桥，街竟于此。

【注释】

① 阙口门：相传阙口为古代战事之突破口，明筑新城，开通济门，又称阙口门，故大街名阙口大街。

② 左卫街：明代扬州卫指挥使司辖左、右、中、前、后五个守御千户所，左千户所设在城东，后人以此为街名。多子街：原名缎子街。因街两侧多为缎铺，故名"缎子街"，后因忌"缎子"与"断子"谐音，故改名多子街。

③ 辕门桥：清初，教场驻兵在兵营四周开挖壕沟，其南壕正对辕门，壕畔架桥以便出入，因名辕门桥。大儒坊：此巷在董公祠南，此名取自扬州知府汪懋麟咏董仲舒诗句"大儒不能用，方士何为欤"，遂名大儒坊。

④ 洪水汪：原名红水汪。相传明末史可法守扬州，城破，清兵屠城，血流成汪，故称红水汪。青莲巷：传说唐代大诗人李白曾来扬州游历，在此处停留，故以其别号"青莲"称巷名。

钞关至天宁门大街^①，三里半，近钞关者谓之埂子上^②，上为南柳巷、北柳巷^③，至天宁门，谓之天宁门大街。自钞关起，钞关署东为河下街^④，西为埂子上。路东为达士巷、连城巷_{通达士巷}，出砖街、多子街口、新盛街口_{南柳巷与教场相起止}。盖教场以新盛街为前街，贤良街为后街。南柳巷为西营外一层，永胜街为东营外一层。新盛街北松风巷通教场，直街通三义阁，阁通打铜巷，东折而北，通永胜街，抵古旗亭、贤良街_{直路至南圈门口}，运司署与北柳巷相起止。贤良街为运司前一层，彩衣街为运司后一层。南圈门至北圈门为运司街，大儒坊至龙背为北柳巷。运司圈门三：南圈门外直路至教场、辕门桥，通多子街，西折为古旗亭，东折为贤良街；北圈门内探花巷通斗鸡场，门外出彩衣街；东圈门直街通三祝庵桥、地官第，出观巷，路北小巷皆通东关大街，路南小巷皆通黄家园、古旗亭、湾子上^⑤，彩衣街口至天宁门大街，路西为龙头关巷^⑥_{内通外城脚}，至小东门钓桥、小东门口_{过此入大儒坊}，名南柳巷、水巷、董公祠、坡儿下_{通大东门钓桥}、磨坊巷_{在天宁门街}，至天宁门，街竟于此。

【注释】

① 钞关：扼江门又称钞关。明朝初年，发行钞票，禁民间金银交易，百姓不乐使用。宣宗年间，在天下设七所钞关，专用钞票纳税，扬州在新城扼江门设钞关，名曰"户部分司馆"。后虽废除钞票纳税，但钞关之名沿用。天宁门大街：原为天宁街，因临天宁寺得名。后明新城拱宸门亦名天宁门，此街遂称天宁门街。

② 埂子上：此街相传为明嘉靖年间修筑新城、疏浚城濠时堆土而成

长堘,因而得名。后称堘子街。

③ 南柳巷、北柳巷:原统称杨柳巷。二巷位于小秦淮河东岸,因植有成排的柳树而得名。

④ 河下街:因其地近古运河边,故而得名,后分为南河下、北河下。

⑤ 教场:明朝初年,在此设置扬州卫指挥使司,为练兵场所,后沿用其名。其地因曲艺演出集中于此而著名。三义阁:原为道教寺观,建于元代。后街以观名,亦为繁华所在。贤良街:取名清代知府汪懋麟咏董仲舒诗"孝武策贤良,首举董仲舒"句意,以示敬仰。此街已拓为萃园路。运司街:因明清盐运使司署驻于此处,故以名街。

⑥ 龙头关巷:在小秦淮河南端,原抱江门西城墙下有拱门水关,城中有水关桥,桥下两侧各置一石刻龙头,故而得名。

钞关东沿内城脚至东关,为河下街。自钞关至徐宁门,为南河下;徐宁门至阙口门,为中河下;阙口门至东关,为北河下,计四里。自钞关始,路北为木香巷通官沟、李官人巷通引市至万安宫、黄家店、高家店皆通仓巷、居士巷内有花园巷、大树巷,通离明宫、徐宁门街口、樊家店通徐宁门大街、双桥巷一名杨胡子巷,中有古墓道,砖桥二,相距三武,江春名之曰三步两个桥,刻石嵌桥旁砖墙上,巷通油坊巷、徐宁门大街、达士巷通油坊巷、阙口门街口、石将军巷北通诸葛花园,南通流水桥、元老府、穿店、夏家店皆通安乐巷、田家巷此即琼花观街,街北为古家巷、芍药巷,街南为小安乐巷、大安乐巷,井巷,至东关,街乃竟路南皆通城脚之无名小巷,不必备载。

徐宁门至罗湾止,计二里。由徐宁门至蒋家桥,为徐宁门大街,由蒋家桥至罗湾,为皮市街①。自徐宁门始,路东为樊家店、杨胡子巷巷西口即名双桥巷、土地堂巷通刘备井、洪水汪巷,东折火星庙巷中有虚净庵,通蒋家桥,北折蒋家桥扬州有"三山不出头"之谚②,谓康山、巫山、倚山也。康山在江春家，巫山在禹王庙，倚山在蒋家桥东酒肆内，肆名倚山园，今改茶叶肆，入皮市街近南者为南皮市，近北者为北皮市、弥勒庵桥口桥旁有李亚仙墓、二巷通弥勒庵桥、兴教寺街口寺北有东隐庵，中有唐人石幢、小安儿巷通安乐巷，抵罗湾。路西有南河下口、花园巷、刁家巷通坡儿上、方家巷，南折大树巷，出仓巷，北折蒋家桥斜路，由坡儿上，至如来柱，出丁家湾、描金巷通蒋家桥，北折蒋家桥是地三叉，西折为丁家湾，路南为如来柱、离明宫、三元宫、土地庙巷，路北为五城巷、三十家、傅家店。至此，地名苏唱街，分为三支：一支直出砖街，一支入青莲巷，出犁头巷；一支入后街，出离明宫。其离明宫直街，通居士巷。路西为井厅，通厨子庵，中有泉清洌，入皮市街、风箱巷通石牌楼、宛虹桥口中有都天庙，出湾子上、真君殿巷通板井，出湾子上、板井内为灯草行、东岳庙后巷通洗马桥，抵罗湾，街竟于此罗湾上接观巷，下通湾子上，新城斜街惟此。

【注释】

① 皮市街：分为南、北皮市街。南段为卖皮衣帽、毯褥等软件皮货为主，北段以卖皮带、皮靴等硬件皮货为主。

② 三山不出头：这是一句扬州谚语，意思是康山、巫山、倚山这三座城市园林中的假山都不高，没有高过层楼高阁。

    湾子上为城中斜街，自罗湾起至打铜巷止。路东为小安儿巷，过洗马桥，为东岳庙东首巷通板井、马市口东通皮市，西通石牌楼、萧家巷中为萧家井，通皮市街、石牌楼、刘家巷通左卫街。路西戴家湾过太平巷，过洗马桥、淘沙汪汪在东岳庙照壁后，通玉井、古旗亭、玉井巷中有泉清洌、火星庙巷通夹剪桥，出永胜街、饺饵巷、明瓦巷皆通永胜街打铜巷、三义阁神道，入打铜巷，出左卫街而竟。新旧二城斜街，惟湾子上一街如京师横街，斜街之类，盖极新城东北角至西南角之便耳。其罗湾上无

87

斜街,打铜巷下则有犁头街,过砖街、达士巷,出埂子上,抵钞关,凡此皆新城街道也。

缎子街

多子街即缎子街,两畔皆缎铺。扬郡着衣,尚为新样。十数年前,缎用八团,后变为大洋莲、拱璧兰。颜色在前尚三蓝、砟、墨、库灰、泥金黄,近于膏粱红、樱桃红,谓之福色①,以福大将军征台匪时过扬着此色也。每货至,先归绸庄缎行,然后发铺,谓之抄号。每年以四月二十日为例,谓之"镇江会"。

【注释】

① 福色:取意于福康安所穿的服装颜色。乾隆时,大将军福康安平定台湾时过扬州,身着肆内樱桃红缎装,风靡一时。

翠花街

翠花街,一名新盛街,在南柳巷口大儒坊东巷内。肆市韶秀①,货分队别,皆珠翠首饰铺也。扬州鬏勒②,异于他地,有蝴蝶、望月、花蓝、折项、罗汉鬏、懒梳头、双飞燕、到枕松、八面观音诸义髻③,及貂覆额、渔婆勒子诸式。女鞋以香樟木为高底,在外为外高底,有杏叶、莲子、荷花诸式;在里者为里高底,谓之道士冠;平底谓之底儿香。女衫以二尺八寸为长,袖广尺二,外护袖以锦绣镶之,冬则用貂狐之类。裙式以缎裁剪作条,每条绣花两畔,镶以金线,碎逗④成裙,谓之凤尾。近则以整缎折以细道,谓之百折;

其二十四折者为玉裙,恒服也。硝皮袄者⑤,谓之毛毛匠⑥,亦聚居是街。

【注释】

① 韶秀:美好秀丽。

② 鬏(jiū)勒:假髻,起装饰作用。

③ 义髻:妇女用来修饰的假髻。

④ 逗:接合,缝合。

⑤ 硝:硝皮,皮革的鞣制工艺。

⑥ 毛毛匠:专门缝制皮毛衣物的工匠。

食肆

小东门西外城脚无市铺①,卯饮申饭②,半取资于小东门街食肆。多糊炒田鸡、酒醋蹄、红白油鸡鸭、炸虾、板鸭、五香野鸭、鸡鸭杂、火腿片之属,骨董汤③更一时称便。至城下间有星货铺④,即散酒店、庵酒店之类,卖小八珍⑤,皆不经烟火物。如春夏,则燕笋、牙笋、香椿、早韭、雷菌、莴苣;秋冬,则毛豆、芹菜、荠瓜、萝卜、冬笋、腌菜;水族,则鲜虾、螺丝、薰鱼;牲畜,则冻蹄、板鸭、鸡炸、薰鸡;酒,则冰糖三花、史国公、老虎油,及果劝酒,时新酸咸诸名品,皆门户家软盘⑥,达旦弗辍也。

【注释】

① 市铺:店铺。

② 卯饮申饭:指吃早点。

③ 骨董汤：混杂鱼肉和蔬菜烹制而成的汤。

④ 星货铺：即杂货店。

⑤ 小八珍：指各种佐酒的小菜，随季节变化有所不同，不拘于八种。

⑥ 门户家：指妓院。软盘：谓宴客时不设桌案，由妓女端着进上。

官妓

吴茵茨《扬州鼓吹词序》云：郡中城内，重城妓馆，每夕燃灯数万，粉黛绮罗甲天下。吾乡佳丽，在唐为然，国初官妓，谓之"乐户"①。土风：立春前一日，太守迎春于城东蕃釐观，令官妓扮社火②：春梦婆一、春姐二、春吏一、皂隶二、春官一③，次日打春④，官给身钱二十七文⑤，另赏春官通书⑥十本，是役观前里正⑦司之。至康熙间，裁乐户，遂无官妓，以灯节花鼓中色目⑧替之。扬州花鼓，扮昭君、渔婆之类，皆男子为之，故俗语有"好女不看春，好男不看灯"之训。官妓既革，土娼潜出，如私窠子、半开门之属，有司禁之。泰州有渔网船，如广东高桅艇之例，郡城呼之为"网船浜"，遂相沿呼苏妓为"苏浜"，土娼为"扬浜"。一逢禁令，辄生死逃亡不知所之。今所记载如苏高三、珍珠娘之类，尚昔年轶事云。

【注释】

① 乐户：原指从事歌舞的人，后为妓院的别称。

② 社火：旧时逢节日时村社迎神赛会活动中表演的各种节目。

③ 春吏：掌管春事的官吏。春官：在迎春仪式扮演导牛者的角色。

④ 打春：指迎春活动中鞭打土牛，以祈求丰收。

⑤身钱：工钱。

⑥通书：历书。

⑦里正：即地保，管理当地事务的人。

⑧色目：角色行当。

夏漆工漆器

夏漆工娶梨园姚二官之妹为妇，家于头巷，结河房三间。漆工善古漆器，有剔红、填漆两种①。以金银铁木为胎②，朱漆三十六次，镂以细锦。盒有蔗段、蒸饼、河西、三撞、两撞诸式，盘有方圆八角、绦环四角，牡丹花瓣诸式，匣有长方、两三撞诸式，呼为雕漆器。以此致富，故河房中器皿半剔红，并饰之楯槛，为小秦淮第一朱栏。

【注释】

①剔红：一种漆器工艺，即雕红漆。填漆：一种漆器工艺，即在漆器上雕刻花纹，然后在刻纹的地方填上新漆。

②胎：制作器物的坯子。

邹必显

邹必显以扬州土语编辑成书，名之曰《扬州话》，又称《飞跎子书》①，先居姜家墩，后移住二敌台。性温暾，寡言笑。偶一雅试，举座绝倒，时为打油诗《黄莺儿》，人多传之。后患噎食病②，鬻棺自书一诗，以题其和。

【注释】

① 飞跎子：扬州方言，指说谎话骗人的人。焦循《易馀龠录》："凡人以虚语欺人者，谓之跳跎子；其巧甚虚甚者，则为飞跎。"至今扬州人还有"跳空心跎子"的说法。

② 噎食病：中医上一种食难下咽的病。

诸妓辨影

某公子者，美丰姿，携家资百万，游于淮南。先至苏州、江宁①，继居小秦淮。所见大江南北佳丽极多，而曲巷幽闺，未经公子见者，皆为村妓。如是有年，所携资渐减。其族人居显要，见其游荡，设策诱之归。遂无复再游江南，而公子之名藉藉②于诸妓之口者久矣。有方张仙者，为妓家教曲师。值中秋诸妓祀太阴③，共以酒邀方饮。方谓诸妓曰："我在此三十年，始能辨声，今则能辨影矣。"诸妓请试之。于是纳方窗内，于窗上辨诸妓之影，每一走过，辄大声曰："是某。"未尝失一人。问有讹者，窗外告之曰："否。"辄另举一人，亦不失也。

【注释】

① 江宁：江宁府，即今南京市。

② 藉藉：众多而杂乱的样子。

③ 太阴：月亮。

久之，一妓正过，忽影后随一男子，长颈长腿，辫发垂地。后又随一丈许长人，面貌凸凹，赤身光腿，握拳殴之。大惊，越窗出，

扬州画舫录

汗下如雨。时夜已过半，院中别无男子。诸妓问所见，乃告其故。问适过为谁，则解银儿也。银儿闻之，潸潸泪下，曰："昔年某公子暗以五千金与吾母，书券①买予为妾。时吾身娠两月，值其族人遣归，谓予曰：'待我三年而不来，则听汝所为，惟腹中子不可损，损则我死必厉汝矣。'未三年而败其盟，今所见必公子也。"众慰之，遂各散。归不数旬，银儿以呕血死。

【注释】

① 书：书写。券：契据。

女子戏班

顾阿夷，吴门人，征女子为昆腔，名双清班，延师教之。初居小秦淮客寓，后迁芍药巷。班中喜官"寻梦"一出，即金德辉唱口。玉官为小生，有男相。巧官眉目疏秀，博涉书籍，为纱帽小生①，自制宫靴，落落大方。小玉为喜官之妹，喜官作崔莺莺，小生辄为红娘，喜官作杜丽娘，小玉辄为春香，互相评赏。金官凭人傲物②，班中谓之"斗虫"，而以之演"相约相骂"，如出鬼斧神工。徐狗儿清拔文雅，赢瘦玉削，饮食甚微，坐戏房如深闺，一出歌台，便居然千金闺秀。三喜为人矜庄，一遇稀姓生客，辄深嚬蹙额，故其技不工。顾美为阿夷女，凌猎③人物，班中让之，而有离心焉。二官作赵五娘，咬姜呷醋④，神理亲切。庞喜作老旦，垂头似雨中鹤。鱼子年十二，作小丑，骨法灵通，伸缩间各得其任。季玉年十一，云情雨意，小而了了⑤。秀官人物秀整，端正寡情，所作多节烈故事。闲时藏手袖间，徐行若有所观，丰神自不可一世。康官少不慧，涕泪狼藉，而声音清越。教曲不过一度，使其演"痴诉点香"，甫出歌台，满座叹其痴绝。瞽婆顾睫，粥⑥其女于是班，令其与康官演"痴诉"，作瞎子，情状态度最得神。乃知母子气类相感，一经揣摩，便成五行之秀。申官、酉保姊妹作"双思凡"，黑子作红绡女，六官作李三娘，皆一班之最。后场皆歌童为之，四官小锣又能作大花面，以"闹庄救青"为最，其笑如范松年。教师之子许顺龙，亦间在班内作正旦，与玉官演"南浦嘱别"，人谓之生旦变局⑦。是部女十有八人，场面五人，掌班教师二人，男正旦一人，衣杂把金锣四人，为一班。赵云崧⑧《瓯北集》中有诗云："一夕绿尊重作会，百年红粉递当场。"谓此。

【注释】

① 纱帽小生：小生的一种，也叫袍带小生，主要扮演做官的年轻人。

② 凭人傲物：自视甚高，看不起别人。

③ 凌猎：凌驾，冒犯。

④ 咬姜呷醋：形容生活清苦。

⑤ 了了：明白，清楚。

⑥ 粥：同"鬻"，卖。

⑦ 生旦变局：指男演员演旦脚，女演员演生角。

⑧ 赵云崧：即赵翼，清代著名文学家、史学家。字耘松，号瓯北。曾主讲安定书院，诗与袁枚、蒋士铨齐名，史学尤精。著有《廿二史札记》《陔馀丛考》《檐曝杂记》《瓯北诗集》等。

小秦淮中秋

是河中秋最盛。临水开轩①，供养太阴。绘缦亭彩幄为广寒清虚之府,谓之月宫纸。又以纸绢为神具冠带,列素娥[2]于饼上,谓之月宫人。取藕之生枝者谓之子孙藕,莲之不空房者谓之和合莲,瓜之大者细镂之如女墙[3],谓之狗牙瓜。佐以菱、栗、银杏之属,以纸绢作宝塔。士女围饮,谓之团圆酒。其时弦管初开,薄罗明月,珠箔千家,银钩尽卷,舟随湾转,树合溪回,如一幅屈膝[4]灯屏也。

【注释】

① 开轩:开窗。

② 素娥:即传说中的月中女神嫦娥。

③ 女墙:城垛。

④ 屈膝:屏风、门窗、橱柜上的环扣、搭扣。

浦琳和《清风闸》

浦琳,字天玉。右手短而捩[1],称拗子[2]。少孤,乞食城中,夜宿火房[3]。及长,邻妇为之媒妁。拗子惶恐,妇曰:无恐,问女家姓氏,自有美妻也。约以某日至某处成婚,拗子以为诈。及期,妇索拗子不得,甚急,百计得之,偕至一处,香奁甚盛,纳拗子而强为婚焉。自是拗子遂为街市洒扫,不复为乞儿。逾年,大东门钓桥南一茶炉老妇授拗子以呼卢[4]术,拗子挟之以往,百无一失,由是积金赁屋。与妇为邻,在五敌台。妇有偍以评话为生,每日皆演习于妇家。拗子耳濡已久,以评话不难学,而各说部[5]皆人熟闻,乃以己所历之境,假名皮五,撰为《清风闸》故事。养气定辞,审音辨物,揣摩一时亡命小家妇女口吻气息。闻者欢咍嗢噱[6],进而毛发尽悚,遂成绝技。拗子体肥多痰,善睡,兼工笑话口技,多讽刺规戒,有古俳⑦谐之意,晚年好善乐施。金棕亭有拗子传》。

【注释】

① 捩(liè):扭转。

② 拗(bié)子:方言,形容人手短而扭转不正。

③ 火房:古代收容乞丐的住所。

④ 呼卢:指赌博。古代一种赌博游戏中,得到五个黑子则获头彩,因五子全黑称为"卢",故游戏中高喊其希望获胜,游戏亦称"呼卢"。

⑤ 说部:指小说、杂著、笔记等书籍。

⑥ 欢咍(hāi):欢笑,欢乐。喔噱(wà jué):大笑。

⑦ 俳(pái)谐:诙谐戏谑。

广陵潮再论

南柳巷中水巷甃小阶级,为江园水船、便益门、西门粪船之马头,亦间有游人于此登舟者,为画舫捷径。河中有泉,在水巷口河边。色清味洌,不减下院井①,水长则没,水落则出,非烹茶酿酒不常取。郡城烹茶,不取汲于井水。如天宁、广储、西、北、大东、小东诸门自保障湖来者,谓之船水。南门、钞关、徐宁、缺口、东关、便益诸门自官河来者,谓之河水。至城中井水之可用者,天宁门青龙泉、东关广陵涛二泉,近今青龙泉已瞀②,广陵涛在东关南城脚人家中,几无可考。其余仅供灌溉,谓之吃水井,无可甲乙,而丁家湾井、亭井、西方寺③四眼井为差胜。若是河之井,里中未之知也。

【注释】

① 下院井：即大明寺"天下第五泉"。

② 臂（yuān）：枯竭。

③ 西方寺：在城北驼岭巷中。隋时建寺，清代毁于兵火，仅存大殿、厢房等建筑。

若"广陵涛"之名，辩之者如聚讼，皆以《七发》所云"观涛于广陵之曲江"，谓曲江指今之浙江，以其观涛也。费滋衡锡璜谓春秋时潮盛于山东，汉及六朝盛于广陵，唐宋以后，盛于浙江。此地气自北而南，有莫知其然者。其说以《孟子》"转附、朝儛"句①，谓"朝儛"即潮之舞，故北称渤海，渤同勃，怒也，逆也。此潮盛于山东之说也。《南齐书》云：永初三年，檀道济始为南衮州，广陵因此为州镇，土甚平旷。刺史每以八月多出海陵观涛，与京口对岸，江之壮阔处也。《乐府·长干曲》云："逆浪故相邀，菱舟不怕摇。妾家住扬子，便弄广陵潮。"亦若今之钱塘弄潮也。《南衮州记》云："瓜步五里有瓜步山，南临江中，涛水自海入江，冲激六百里，至此岸侧，其势稍衰。"《南徐州记》云："京江，《禹贡》北江，春秋分朔，辄有大潮江乘北激赤岸，尤更迅猛。"并以赤岸在广陵，以此合之枚叔所云"此潮盛于广陵"之说也。骆宾王诗："门对浙江潮。"唐宋以后，纪载乃称钱塘。此潮盛于浙江之说也。又曰："浙江之潮，在春秋已然，观伍胥、文种皆乘白马而为涛是也②。"凡此皆所以辨广陵之在扬州者也。

① "其说"句:见《孟子·梁惠王下》:"吾欲观于转附、朝儛,遵海而南,放于琅邪。"转附、朝儛,皆山名,转附为之罘山,朝儛即成山。

② "观伍胥"句:伍胥即伍子胥,吴国重臣,文种为越国重臣,二人俱因君王猜忌,自杀而死。后人根据史书所载,以为伍子胥被迫自杀后,夫差将其尸体抛入江中。后世奉伍子胥为潮神、涛神。

郭时若长源尝谓滋衡曰:近人说广陵竟无涛者,非若指东关城下为广陵涛,亦非汪容甫《广陵曲江考》力驳秀水朱检讨之说,以《七发》八月观涛为在广陵而不在浙江,然而涛在广陵,必非井泉小水之谓也。今东关城下之说亦有二:一说在城门外马头下,一说在城内小城洞中。盖始东关茶肆有名广陵涛者,又浴池有名广陵涛者,后遂相沿指其地,非广陵涛之真所也。其实东关城下之泉,味自清洌,不可没。

广陵琴派

北柳巷在南柳巷之北,有董子祠①。先为正谊书院,明正德间改正谊祠祀汉丞相董仲舒,又贮《春秋繁露》一书。本朝圣祖赐"正谊明道"额,遂名"董子祠"。祠门临北柳巷下岸,路西二门南向,内建祭器库、宰牲堂、图书房、致斋所、资任堂、"博闻""起道"二斋,外建下岸楼二进,以居道士。盐务于此建施药局,如古之买药所、和剂局之属。武生吴仕柏②,居董子祠,善鼓琴,日与徐锦堂③、沈江门、吴重光、僧宝月游,夜则操缦④,三更弗辍。扬州琴学,以徐祎⑤为最。祎字晋臣,受知于年方伯希尧,为之刊《澄鉴堂琴谱》⑥。次之徐锦堂，著有《五知斋琴谱》⑦，谓之"二徐"。若江门、重光，皆其选也。扬州收藏家多古琴，其最古者，惟马半查家雷琴⑧，内斲"开元二年雷霄斲"。

【注释】

① 董子祠：祭祀汉代江都相董仲舒。汉武帝时，董仲舒上三策，被任命为江都相。其故宅在运署公堂后，明代为其建祠。

② 吴仕柏：清代琴师，名灯，扬州仪征人。致力琴学数十年，刊印《自远堂琴谱》十二卷，为广陵派集大成者。

③ 徐锦堂：广陵琴派先行者徐常遇的孙子，吴仕柏曾受琴于他。

④ 操缦：操弄琴弦。

⑤ 徐祎(yī)：徐常遇之子。与兄弟徐祜继承家学，曾轰动京师，被称为"江南二徐"。

⑥《澄鉴堂琴谱》：广陵派最早的谱集。由徐常遇费一生心血编著，其子徐祜、徐祎校勘成书传世。

⑦《五知斋琴谱》：广陵派代表人物徐祺编，由其子徐俊和皖人周鲁封编订成书，共八卷。

⑧ 雷琴：唐代蜀中雷氏为制琴名家。

书场

大东门书场，在董子祠坡儿下厕房旁。四面团座，中设书台，门悬书招。上三字横写，为评话人姓名，下四字直写曰："开讲书词。"屋主与评话以单双日相替敛钱，钱至一千者为名工，各门街巷皆有之。

许翠

大东门外城脚河边,半为居人屋后圩墙,半为河边行路,无河房。惟土娼王天福家,门外有河房三间,半居河中,半在岸上,外围花架,中设窗棂,东水关最胜处也。

王天福妻行三,体胖,人呼为王三胖子。其妾许翠,字绿萍,常熟人。年十五时,一客以千金啖^①三胖,诱之梳拢,不从,拷掠备至,矢志更坚。三胖乃却金谢客,客愿输金以成其志。逾四年,有某公子者,年十九,色美多金,往来三胖家三阅月^②,未尝一言犯翠,翠爱之而与之私。向之以千金购翠者,于是妒公子而恶翠。

【注释】

① 啖(dàn):利诱。

② 阅月:经过一个月。

适三胖儿妇名小玉奴之戚自苏州来,索多金于胖子,胖子未有以应。遂以买良为贱,讼之有司^①。天福夫妇及翠皆系于狱,公子力护之,翠得免,匿于江宁。有贵公子劫之于武定桥东之河楼,翠急,乘间促过舟,至四条巷,避于熟识武弁叶某居。某思乘其危,翠觉之,适贵公子所遣谍者至,翠急,即以身许武弁。弁与谍者语于前宅,翠又乘间云欲买花,向弁妻借钱二百,出视宅后,河边有舟,因诳舟子曰:"我有事,欲往西水关外。"与钱二百,登舟飞桨去。

【注释】

① 有司：官府。

至龙江下关，遇大风，众舟皆泊，翠高声曰："吾母病于六合①，将死，谁能渡吾去，重谢之。"忽渔舟应往，翠入渔舟，乘大风推帆至中流，渔人有不良意，翠心识之，因脱绸绫衣及金簪钏，并解腰间钞袋，出银数锭，向渔人曰："我随身物尽于是，能急渡吾至六邑，则此物皆以与子。"渔人乐其物，冒险渡至六邑，藏寄某寓。贵公子侦知赶至，急持之。翠大窘，因佯鸣曰："欲我为妾，何必如是恶作？可觅肩舆②来同登舟。"公子喜，促舆。翠得暂释，即举茶瓯③向众曰："我虽娼家婢，不能受此威胁，请从此逝矣。"因碎瓯而刎。贵公子吓，急挂帆而去。

三胖及天福寻至携归。翠从此烟花之意顿淡，捐落金粉④而长斋绣拂矣。

【注释】

① 六合：县名，今属南京。

② 肩舆：轿子。

③ 茶瓯（ōu）：茶碗。

④ 捐落金粉：放弃繁华绮丽的生活。

小秦淮由来

小秦淮之名，不载志乘①。按王文简《虹桥游记》云："出镇淮门，循小秦淮折而北，为虹桥。"则小秦淮当在虹桥之上。《平山堂图志》云："小秦淮为小东门内夹河。"又以小东门夹河为小秦淮。今皆依图志所称，而旧名遂无知者。胡善麈，徽州祁门县人，有《小秦淮赋》云："扬州城西而北，有虹桥焉，天下艳称之。其水号小秦淮，盖与金陵[2]相较而逊焉者也。名之旧矣，而知者尚少，幽居多暇，因为赋之。"

【注释】

① 志乘：地方志书。

② 金陵：即南京，城内有秦淮河。

卷十 虹桥录上

虹桥修禊

"虹桥修禊[①]",元崔伯亨花园,今洪氏别墅也。洪氏有二园,"虹桥修禊"为大洪园,"卷石洞天"为小洪园。大洪园有二景:一为"虹桥修禊",一为"柳湖春泛"。是园为王文简赋冶春诗处,后卢转运修禊亦于此,因以"虹桥修禊"名其景,列于牙牌[②]二十四景中,恭邀赐名倚虹园。园门在渡春桥东岸,门内为妙远堂,堂右为饯春堂,临水建饮虹阁,阁外"方壶岛屿""湿翠浮岚"。堂后开竹径,水次设小马头,逶迤入涵碧楼,楼后宣石房,旁建层屋,赐名致佳楼。直南为桂花书屋,右有水厅面西,一片石壁,用水穿透,杳不可测。厅后牡丹最盛,由牡丹西入领芳轩,轩后筑歌台十余楹,台旁松柏杉楮[③],郁然浓阴。近水筑楼二十余楹,抱湾而转,其中筑修禊亭,外为临水大门,筑厅三楹,题曰"虹桥修禊"。

【注释】

①修禊(xì):源于周代的民俗。在每年阴历三月上旬的巳日(后固定为三月三日),人们相约到水边用香薰草药沐浴,以被除不祥,古称被禊。后来范围扩大为游春宴饮,文人雅士多借此举行诗文盛会,称修禊。

②牙牌:行酒令用的筹签。

③ 櫧（zhū）：一种常绿乔木。

涵碧楼山石

涵碧楼前怪石突兀，古松盘曲如盖，穿石而过。有崖峻嶒秀拔，近若咫尺。其右密孔泉出，迸流直下，水声泠泠，入于湖中。有石门划裂，风大不可逼视。两壁摇动欲摧，崖树交抱，聚石为步①，宽者可通舟，下多尺二绣尾鱼。崖上有一二钓人，终年于是为业。楼后灌阴郁莽，浓翠扑衣。其旁有小屋，屋中叠石于梁栋上，作钟乳垂状。其下巑岏岪嵲②，千叠万复，七八折趋至屋前深沼中。屋中置石几榻，盛夏坐之忘暑；严寒塞墐，几上加貂鼠彩绒，又可以围炉斗饮，真诡制也。

【注释】

① 步：步石，浅水中按一步间距放置石条，使人跨越水面。

② 巑岏岪嵲（cuán yuán bì dié）：形容山耸立的样子。

水上亭阁评点

湖上水廊①，以"四桥烟雨"之春水廊为最。水阁②，以九峰园之风漪阁、"四桥烟雨"之锦镜阁为最。水馆③，以"锦泉花屿"之微波馆为最。水堂④，以"荷浦薰风"之来薰堂为最。水楼⑤，则以是园之修禊楼为最。盖以水局⑥胜也。楼在园东南隅，弯如曲尺，楼下开门，上供奉御扁"倚虹园"三字，及"柳拖弱缕学垂手，梅展芳姿初试噸"一联。门前即水马头。

【注释】

① 水廊：临水的长廊。

② 水阁：临水的楼阁，可据高远眺。

③ 水馆：水边的台馆。

④ 水堂：临水的厅堂。

⑤ 水楼：水边的楼台。

⑥ 水局：依水布局。

王士禛

王士禛，字子真，一字贻上，号阮亭，别号渔洋山人，山东新城人。高祖名重光，官贵州布政使。曾祖名之垣，官户部左侍郎。祖名普象，官浙江布政使。父与敕贡入太学。兄士禄，官员外郎，士禧贡生，弟士祐进士。公顺治乙未进士，历官刑部尚书，谥文简。著有《带经堂集》《精华录》定本及十种诗话。公以文学诗歌为当代称，总持风雅数十年。

先是顺治己亥选扬州府推官①，庚子三月抵郡城，八月充江宁乡试同考官。辛丑三月有事江宁，居秦淮邀笛步，有《白门集》。壬寅春与杜濬、张养重、邱象随、陈允衡、陈维崧修禊虹桥，公作《浣溪沙》三阕，为《虹桥唱和集》。癸卯冬充江宁武闱同考试官。甲辰春复同林古度、杜濬、张纲、孙枝蔚、程邃、孙默、许承宣、承家赋《冶春诗》。此皆公修禊事也。

【注释】

① 推官：主持诉讼刑罚的官员，又称为司理。

吴伟业曰："贻上在广陵，昼了公事，夜接词人。"冒襄曰："渔洋文章结纳遍天下，客之访平山堂、唐昌观者，日以接踵。渔洋诗酒流连，曲尽款洽，客相对永日，亦终不忍干以私。尝有一莫逆临别，公曰：'愧官贫无以为长者寿，署有十鹤，敬赠其二，志素交也。'"徐钪曰："虹桥在平山堂、法海寺侧，贻上司理扬州，日与诸名士游宴，于是过广陵者多问虹桥矣。"宋商邱曰："阮亭谒选得扬州推官，游刃行之，与诸士游宴无虚日，如白、苏之官杭①，风流欲绝。"刘体仁曰："采明珠，耀桂旗，丽矣。或率儿拜，或袂从风，如欲仙去。《冶春诗》独步一代，不必如铁厓②遁作别调，乃见姿媚也。"王士禄曰："贻上负夙慧，神姿清彻，如琼林玉树，朗然炤人。为扬州法曹，日集诸名士于蜀冈、虹桥间，击钵赋诗，香清茶熟，绢素横飞。故阳羡陈其年有'两行小吏艳神仙，争羡君侯肠断句'之咏。"至今过广陵者，道其遗意，仿佛欧、苏，不徒忆樊川之梦也。宗元鼎诗云："休从白傅③歌杨柳，莫遣刘郎④唱竹枝。五日东风十日雨，江楼齐唱冶春词。"

【注释】

① 白、苏：指白居易和苏轼，二人均做过杭州太守。

② 铁厓：指元代诗人杨维桢，字廉夫，号铁厓，诗有《竹枝词》《柳枝词》等，诗风柔媚。

③ 白傅：白居易的别称，因其曾官太子少傅故称。

④ 刘郎：即刘禹锡，其诗句有"玄都观里桃千树，尽是刘郎去后栽"，后人以刘郎称之，以竹枝词著名。

卢见曾

卢见曾,字抱孙,号雅雨山人,山东德州人。父道悦,字喜臣,号梦山,康熙辛丑进士,官知县,入祀乡贤。著有《公馀漫草》《清福堂遗稿》。公工诗文,性度高廓,不拘小节,形貌矮瘦,时人谓之"矮卢"。辛卯举人,历官至两淮转运使。筑苏亭于使署,日与诗人相酬咏,一时文宴盛于江南。乾隆乙酉,扬州北郊建卷石洞天、西园曲水、虹桥揽胜、冶春诗社、长堤春柳、荷浦薰风、碧玉交流、四桥烟雨、春台明月、白塔晴云、三过留踪、蜀冈晚照、万松叠翠、花屿双泉、双峰云栈、山亭野眺、临水红霞、绿稻香来、竹楼小市、平冈艳雪二十景。丁丑修禊虹桥,作七言律诗四首云:

绿油春水木兰舟,步步亭台邀逗留。
十里画图新阆苑,二分明月旧扬州。
空怜强酒还斟酌,莫倚能诗漫唱酬。
昨日宸游新侍从,天章捧出殿东头。

重来修禊四经年,熟识虹桥顿改前。
潴汊畅交零雨后,浮图高插绮云巅。
雕栏曲曲生香雾,嫩柳纷纷拂画船。
二十景中谁最胜,熙春台上月初圆。

溪划双峰线栈通,山亭一眺尽河东。
好来斗茗评泉水,会待围荷受野风。

月度重栏香细细，烟环远郭影濛濛。

莲歌渔唱舟横处，俨在明湖碧涨中。

　

迤逦平冈艳雪明，竹楼小市卖花声。

红桃水暖春偏好，绿稻香含秋最清。

合有管弦频入夜，那教士女不空城。

冶春旧调歌残后，独立诗坛试一更。

其时和修禊韵者七千余人，编次得三百余卷。乙酉后，湖上复增"绿杨城郭""香海慈云""梅岭春深""水云胜概"四景。署中文宴，尝书之于牙牌，以为侑觞之具，谓之牙牌二十四景。后休致归里。有《留别》诗云：

力惫宣勤敢自怜，薄才久任受恩偏。

齿加孙冕余三岁，归后欧公又九年。

犬马有情仍恋主，参苓无效也凭天。

养疴得请悬车日，五福谁云尚未全。

　

祖道长筵舟满河，绿杨城郭动骊歌。

重来节使经三考，归去舆人赋五绔。

绛帐唱酬通籍在，潘门交际纪群多。

二分明月尊前判，半照离人返薜萝。

　

平山回望更关愁，标胜家家醉墨留。

十里林亭通画舫，一年箫鼓到深秋。

每看绛雪迎朱旆，转似青山恋白头。

为报先畴墓田在，人生未合死扬州。

长河一曲绕柴门，荒径遥怜松菊存。

从此风波消宦海，才知烟月足家园。

枌榆社集牛歌好，伏腊筵开鹤发尊。

痴愿无多应易遂，杖朝还有引年恩。

公两经转运，座中皆天下士，而贫而工诗者，无不折节下交。后赵云崧观察吊之，有诗云："虹桥修褉客题诗，传是扬州极盛时。胜会不常今视昔，我曹应又有人思。"其一时风雅，可想见矣。

冶春诗社

冶春诗社在虹桥西岸。康熙间，虹桥茶肆名冶春社，孔东塘为之题榜。旁为王山蔼别墅，厉樊榭有诗云："王家楼子不多宽，五月添衣怯晚寒。树底鸣蝉树头雨，酒人泥杀曲栏杆。"即此地也。后归田氏，并以冶春社围入园中，题其景曰"冶春诗社"。由辋川图画阁旁卷墙门入丛竹中，高树或仰或偃，怪石忽出忽没，构数十间小廊于山后，时见时隐。外构方亭，题曰"怀仙馆"，馆左小水口，引水注池中，上覆方版，入秋思山房。其旁构方楼，通阁道，为冶春楼。楼南有槐荫厅，楼北有桥西草堂，楼尾接香影楼，后山构山亭二，一曰欧谱，一曰云构。

冶春诗社阁道

是园阁道之胜比东园，而有其规矩，无其沉重，或连或断，随处通达。由秋思山房后，厅事三楹，额曰"槐荫厅"，联云："小院回廊春寂寂杜甫，朱栏芳草绿纤纤刘兼。"由厅入冶春楼。联云："风月万家河两岸_{白居易}，菖蒲翻叶柳交枝_{卢纶}。"楼上三面蹑虚①，西对曲岸林塘，南对花山涧，北自小门入阁道。两边束朱栏，宽者可携手偕行，窄者仅容一身。渐行渐高，下视栏外，已在玉兰树蔈②。廊竟接露台，置石几一，磁墩四，饮酒其上，直可方之石曼卿巢饮，旁点黄石三四级。阁道愈行愈西，入香影楼，盖以文简"衣香人影"句名之，联云："堤月桥边好时景_{郑谷}，银鞍绣毂盛繁华_{王勃}。"楼北小门又入一层，楼外作小露台，台缺处叠黄石，齿齿③而下，即是园之楼下厅也，额曰"桥西草堂"，联云："绿竹漫侵行径里_{刘长卿}，飞花故落舞筵前_{苏颋}。"堂后旱门，通虹桥西路。

【注释】

① 蹑虚：凌空。

② 蔈（biāo）：禾穗的芒尖，也用来指树梢。

③ 齿齿：形容排列像牙齿的形状。

园票

土人周叟，有田数亩，屋数椽，与园①为邻。田氏以金购之，弗肯售，愿为园丁于园内种花养鱼。其子扣子，得叶梅夫②养菊法，称绝技。是园有园票，长三寸，宽二寸，以五色花笺印之，上刻"年月日园丁扫径开门"，旁钤"桥西草堂"印章。

【注释】

① 园：指"冶春诗社"，后归田氏，园中有"桥西草堂"。

② 叶梅夫：六安人，艺菊高手。

扬州菊花

六安秀才叶梅夫，善种菊，与傍花村种法异。不接艾梗，不植蘧篨①，先去蝼蚁、蚯蚓，荐食②诸病根，松青紫杞，都归自然。著有《将就山房花谱》，以色分类，如"铜雀争辉""老圃秋容"，皆异艳绝世。梅夫负性孤寂，酒后耳热，虽名花价值百缣③，持赠自若，若不屑与，虽重值，弗顾也。以独得之奇，思以种遍布天下。岁丁酉，来扬寓是园年余，土人多于其酒酣时餂④得之。至今尚传其种，然视梅夫所自植，色减其半矣。

【注释】

① 蘧篨(qú chú)：粗竹席。

② 荐食：不断吞食。

③ 缣(jiān)：一种绢的名称，后也用做货币。

④ 餂(tiǎn)：探取。

虹桥

虹桥即红桥，在保障湖中。府志云：在北门外，一名虹桥，朱栏跨岸，绿扬盈堤，酒帘掩映，为郡城胜游也。《鼓吹词序》①云：在城西北二里，崇祯间形家②设以锁水口者。朱栏数丈，远通两岸。彩虹卧波，丹蛟截水，不足以喻。而荷香柳色，曲槛雕楹，鳞次环绕，绵亘十余里。春夏之交，繁弦急管，金勒画船，掩映出没于其间，诚一郡之旧观也。《文简游记》③云：出镇淮门，循小秦淮折而北，陂岸起伏，竹木蓊郁④，人家多因水为园亭溪塘。幽窈明瑟⑤，颇尽四时之美。挐小艇循河西北行，林下尽处，有桥宛然，如垂虹下饮于涧，又如丽人靓妆照明镜中，所谓红桥也。红桥原系板桥，桥桩四层，层各四桩，桥板六层，层各四板。南北跨保障湖水口，围以红栏，故名"红桥"。丙辰，黄郎中履昴改建石桥。辛未后，巡盐御史吉庆、普福、高恒相次重建，上建过桥亭，"红"改作"虹"。国初制府⑥于公建虹桥书院，亦纪此桥之胜也。宗定九有《虹桥小景图》，卢雅雨有《虹桥揽胜图》，方耦堂有《虹桥春泛图》，明春岩有《虹桥待月图》，今皆不存，惟程令延《虹桥图》在《扬州名园记》中。

【注释】

① 《鼓吹词序》：清代扬州著名文人吴绮所作。

② 形家：古时看地形凶吉，替人选宅基、墓地的人，又称堪舆家。

③ 《文简游记》：即王士禛所作《红桥游记》。

④ 蓊(wěng)郁：形容草木茂盛的样子。

⑤ 幽窈：幽深。明瑟：纯净。

⑥ 制府：对清代总督的尊称。

卷十一　虹桥录下

泛舟湖上

虹桥为北郊佳丽之地。《梦香词》云："扬州好，第一是虹桥。杨柳绿齐三尺雨，樱桃红破一声箫。处处住兰桡①。"游人泛湖，以秋衣蜡屐打包，茶䥫灯遮②、点心酒盏，归之茶担，肩随以出。若治具待客湖上，先投柬帖，上书"湖舫候玉"，相沿成俗，寖以为礼。平时招携游赏，无是文也。《小郎词》云："丢眼邀朋游妓馆，挤头结伴上湖船。"此风亦复不少。

【注释】

① 兰桡(ráo)：小船的美称。

② 茶䥫(fǔ)：煎茶用的锅。灯遮：灯罩。

龙舟竞技

龙船自五月朔至十八日为一市。先于四月晦日演试，谓之"下水"；至十八日牵船上岸，谓之"送圣"①。船长十余丈，前为龙首，中为龙腹，后为龙尾，各占一色，四角枋柱，扬旌拽旗。篙师执长钩，谓之"跕头"②；舵为刀式，执之者谓之"挐尾"③。尾长丈许，牵彩绳令小儿水嬉，谓之"掉梢"，有"独占鳌头""红孩儿拜观音""指日高升""杨妃春睡"诸戏。两旁桨折十六，前为头折，顺流而折，谓之"打招"，一招水如溅珠。中置戽斗④戽水，金鼓振之，与水声相激。上供太子，不知何神，或曰屈大夫，楚之同姓，故曰太子。小船载乳鸭，往来画舫间，游人鬻之掷水中，龙船执戈竞斗，谓之"抢标"。又有以土瓶实钱果为标者，以猪胞实钱果使浮水面为标者，舟中人飞身泅水抢之，此技北门王哑吧为最。迨端午后，外河徐宁、缺口诸门，龙船由响水闸牵入内河，称为客船。送圣后奉太子于画舫中礼拜，祈祷收灾降福，举国若狂。

【注释】

① 送圣：敬送龙王。

② 跕（zhàn）头：篙师多立于船头，因称"跕头"。

③ 挐（ná）尾：舵在船后，舵手因称"挐尾"。

④ 戽（hù）斗：旧时一种取水浇田的工具。用竹篾、藤条等编成。

堂客船

画舫有堂客、官客之分。堂客为妇女称。妇女上船，四面垂帘，屏后另设小室如巷，香枣厕筹①，位置洁净，船顶皆方，可载女舆。家人挨排于船首，以多为胜，称为堂客船。一年中惟龙船市②堂客船最多。唐赤子翰林《端午诗》云："无端铙吹出空舟，赚得珠帘尽上钩。小玉低言娇女避，郎君倚扇在船头。"皆此类堂客船也。迨至灯船夜归，香舆候久，弃舟登岸，火色行声。天宁寺前、拱宸

门外,高卷珠帘,暗飘安息③,此堂客归也。《梦香词》云:"扬州好,
扶醉夜跟跄。灯影看残街市月,晚风吹上笋儿香。剩得好思量。"

【注释】

① 厕筹:古代便后用于擦拭的木竹片,长约三五寸,也称屏筹。

② 龙船市:指五月初五端午节龙舟竞渡活动。

③ 安息:安宁。

沙 飞

郡城画舫无灶,惟沙飞①有之,故多以沙飞代酒船。朱竹垞
《虹桥诗》云:"行到虹桥转深曲,绿杨如荠酒船来。"是也。城中
奴仆善烹饪者,为家庖;有以烹饪为佣赁者,为外庖。其自称曰厨
子,称诸同辈曰厨行。游人赁以野食,乃上沙飞船。举凡水盉笊帚、
西煨箸籢、酱瓿醋瓠、镊勺盂铛、茱萸芍药之类②,置于竹筐,加之
僵禽毙兽,镇压枕藉,覆幂③其上,令拙工④肩之,谓之厨担。厨
子随其后,各带所用之物,裹之以布,谓之刀包。拙工司炬,窥伺
厨子颜色,以为炎火温蒸之候。于是画舫在前,酒船在后,橹篙相
应,放乎中流,传餐有声,炊烟渐上,幂历⑤柳下,飘摇花间,左之
右之,且前且却,谓之行庖。

【注释】

① 沙飞:一种带灶的小船。

② 水盉(yòu):一种小型的盛水瓦器。笊(xiǎn)帚:用竹篾做的炊帚,
作涮洗锅盆用。西煨(wēi):风炉,形状像笔筒,多用舟车上。箸籢(sǒng):

竹制的筷子筒。酱瓿(bù)：一种青铜或陶制的容器，圆口，深腹，用来盛酱。醋觛(dū)：一种盛醋用的容器。镊勺：镊子和勺子。盉(hé)：一种调酒、水的器皿，有盖，前有流，后有鋬。铛(chēng)：一种可以炒菜的平底浅锅。

③ 幂(mì)：用来覆盖食物的布巾。

④ 拙工：干粗活的小工。

⑤ 幂历：形容烟雾弥漫笼罩的样子。

家庖

烹饪之技，家庖^①最盛。如吴一山炒豆腐、田雁门走炸鸡、江郑堂十样猪头、江南溪拌鲟鳇、施胖子梨丝炒肉、张四回子全羊、汪银山没骨鱼、江文密蛑蝤饼、管大骨董汤、鲞鱼糊涂、孔讱庵螃蟹面、文思和尚豆腐、小山和尚马鞍乔^②，风味皆臻绝胜。

【注释】

① 家庖(páo)：指富商家蓄养的厨师。

② 马鞍乔：又写作"马鞍桥"，指马鞍凸起的部分。此处指黄鳝段，以形酷似马鞍而得名。

扬州清唱

清唱以笙笛、鼓板、三弦为场面^①，贮之于箱，而氍毹^②、笛床、笛膜盒、假指甲、阿胶、弦线、鼓箭具焉，谓之傢伙^③。每一市会，争相斗曲，以画舫停篙就听者多少为胜负，多以熙春台、关帝庙为清唱之地。李啸村诗云："天高月上玉绳低,酒碧灯红夹两堤。一串歌喉风动水,轻舟围住画桥西。"谓此。

【注释】

① 场面:戏曲中所有各种伴奏乐器及伴奏者的总称。

② 氍毹(qú yú):一种用毛料或毛料与其他材料混纺而成的毯子,演戏时用于铺在舞台上。

③ 傢伙:演出时所需的乐器、布景等物的总称。

郡城风俗,好度曲①而不佳,绳之元人《丝竹辨伪》《度曲须知》诸书②,不啻万里。元人唱口③,元气漓淋,直与唐诗宋词争衡。今惟臧晋叔④编百种行于世,而晋叔所改"四梦",是孟浪之举。近时以叶广平唱口为最,著《纳书楹曲谱》⑤,为世所宗,其余无足数也。

【注释】

① 度曲:作曲。

② 《丝竹辨伪》:即《弦索辨讹》,明代沈宠绥所著的一部戏曲论著,书中列举元杂剧、明传奇等剧中三百七十五支北曲,并用符号注出演唱时的字音和口法。《度曲须知》:为沈宠绥所著的又一部戏曲论著,作者著此书的目的在于纠正当时各种错误的唱法,阐明戏曲声腔中念字规律及技巧。

③ 唱口:指元杂剧。

④ 臧晋叔:明代戏曲家、文学家,名懋循,字晋叔,长兴人,有诗文集《负苞堂稿》。曾从当时诸家收藏的元杂剧中选出一百部,修订编成《元

曲选》。又曾经对明戏曲家汤显祖的《玉茗堂四梦》(《紫钗记》《牡丹亭》《南柯记》《邯郸记》的合称)加以修改。

⑤叶广平:即清代苏州叶堂,字广明,又字广平,号怀庭。所著《纳书楹曲谱》为一部戏曲曲谱,收入昆剧及部分地方戏折子戏剧本300多出以及《玉茗堂四梦》曲谱八卷、《西厢记》曲谱二卷。唱口:这里指演唱。

清唱以外净老生为大喉咙,生旦词曲为小喉咙,丑末词曲为小大喉咙。扬州刘鲁瞻工小喉咙,为刘派。兼工吹笛,尝游虎丘买笛,搜索殆尽。笛人云:"有一竹须待刘鲁瞻来。"鲁瞻以实告,遂出竹,吹之曰:"此雌笛也。"复出一竹,鲁瞻以指抳①之,相易而吹,声入空际,指笛相谓曰:"此竹不换吹,则不待曲终而笛裂矣。"笛人举一竹以赠。其唱口小喉咙,扬州唯此一人。

【注释】

①抳(yè):用手指按压。

大喉咙以蒋铁琴、沈茗湄二人为最,为蒋、沈二派。蒋本镇江人,居扬州,以北曲①胜,小海吕海驴师之。沈以南曲②胜,姚秀山师之,其次陈恺元一人。直隶高云从,居扬州有年,唱口在蒋、沈之间。此扬州大喉咙也。

【注释】

①北曲:宋元时北方戏曲、散曲所用曲调的统称。用韵以《中原音韵》为准,声调道劲朴实,以弦乐器伴奏。在字腔、音阶、声调几个方面区别于南曲。

②南曲：宋元时南方戏曲、散曲所用曲调的统称。用韵以江浙一带语音为标准，声调柔缓婉转，以箫笛等伴奏。

苏州张九思为韦兰谷之徒，精熟九宫①，三弦为第一手，小喉咙最佳。江鹤亭延之于家，佐以邹文元鼓板、高昆一笛，为一局。朱五呆师事九思，得其传。王克昌唱口与九思抗衡，其串戏为吴大有弟子。苏州大喉咙之在扬州者，则有二面邹在科，次之王炳文。炳文小名天麻子，兼工弦词，善相法，为高相国门客。

【注释】

①九宫：南北曲所用宫调。戏曲中常用的为仙吕宫、南吕宫、中吕宫、黄钟宫、正宫、大石调、双调、商调和越调等九个宫调，通称"九宫"。

按清唱鼓板与戏曲异，戏曲紧，清唱缓；戏曲以打身段下金锣为难，清唱无是苦，而有生熟口之别。此技苏州顾以恭为最，先在程端友家，继在马秋玉家，与教师张仲芳同谱《五香球》传奇。次之周仲昭、许东阳二人，与文元并驾。扬州以庄氏龙生、道士兄弟鼓板、三弦合手成名工，次之汤殿飐一人。苏州叶云升笛与昆一齐名，兼能点窜工尺，从其新谱。次之邱御高，能点新曲，兼识古器，皆云升流亚。今大喉咙之效蒋、沈二派者，戴翔翎、孙务恭二人，皆苏州人，而扬州绝响矣。

串客①本于苏州海府串班，如费坤元、陈应如出其中；次之石塔头串班，余蔚村出其中。扬州清唱既盛，串客乃兴，王山霭、江鹤亭二家最胜，次之府串班、司串班、引串班、邵伯串班，各占一时之胜。其中刘禄观以小唱入串班为内班老生，叶友松以小班老旦入串班,后得瓜张插花法,陆九观以十番子弟入串班,能从吴暮桥读书,皆其选也。

【注释】

① 串客:指职业班社里的非职业演员。

十番鼓

十番鼓者,吹双笛,用紧膜,其声最高,谓之闷笛 ①,佐以箫管,管声如人度曲。三弦紧缓与云锣 ② 相应,佐以提琴。鼍鼓 ③ 紧缓与檀板相应,佐以汤锣。众乐齐乃用单皮鼓,响如裂竹,所谓"头如青山峰,手似白雨点",佐以木鱼、檀板,以成节奏,此十番鼓也。是乐不用小锣、金锣、铙钹、号筒 ④,只用笛、管、箫、弦、提琴、云锣、汤锣、木鱼、檀板、大鼓十种,故名十番鼓,番者更番之谓。有[花信风]、[双鸳鸯]、[风摆荷叶]、[雨打梧桐]诸名。后增星 ⑤、钹,器辄不止十种,遂以星、汤、蒲、大、各、匀、同七字为谱。七字乃吴语状器之声,有声无字,此近今庸师所传也。若夹用锣铙之属,则为粗细十番,如"下西风,他一立在太湖石畔"之类,皆系古曲。而吹弹击打,合拍合伞 ⑥,其中之[蝶穿花]、[闹端阳],为粗细十番。下乘加以锁哪,名曰"鸳鸯拍",如[雨夹雪]、[大开门]、[小开门]、[七五三],乃锣鼓,非十番鼓也。《梦香词》云:"扬州好,新乐十番佳。消夏园亭雨夹雪,冶春楼阁蝶穿花。"以[雨夹雪]为十番,可谓强作解事矣。

【注释】

① 闷笛：俗称皮哨子，一种用虫壳作簧哨的笛子，单管称小闷笛，两支小闷笛捆扎在一起称双管闷笛。

② 云锣：又名云璈、九音锣，由若干个大小相同，而厚薄、音高不同的铜制小锣，按声音高低列于木架上。锣数不等，有十、十四、二十四等。

③ 鼍（tuó）鼓：用鼍皮蒙的鼓。

④ 号筒：铜制的号角，也称"吹金"。

⑤ 星：碰铃的别称，一种互击体鸣金器。

⑥ 合�（qí）：合拍。㿲，参差，不同。

是乐前明已有之，本朝以韦兰谷、熊大璋二家为最。兰谷得崇祯间内苑乐工蒲钹法，传之张九思，谓之韦派。大璋工二十四云锣击法，传之王紫稼，同时沈西观窃其法，得二十面。会紫稼遇祸，其四面遂失传。西观后传于其徒顾美抡，得十四面，美复传于大璋之孙知一，谓之熊派。兰谷、九思，苏州人；大璋、知一，福建人，西观苏州人，美抡杭州人。至今扬州蒲钹出九思之门，而十四面云锣，福建尚有能之者。其后有周仲昭、许东阳二人，仲昭书似方南堂，工尺牍，亦此中铮铮皦皦①者。他如张天顺、顾德培、朱五呆子之类，以十番鼓作帽儿戏②，声情态度如老洪班，是又不专以十番名家，而十番由是衰矣。

【注释】

① 铮铮皦皦（jiǎo）：形容出类拔萃，不同凡响。

② 帽儿戏：即开锣戏。一场演出中的第一个剧目，因以得名。

扬州小唱

小唱[①]以琵琶、弦子、月琴、檀板合动而歌,最先有[银钮丝]、[四大景]、[倒扳桨]、[剪靛花]、[吉祥草]、[倒花篮]诸调,以[劈破玉]为最佳。有于苏州虎丘唱是调者,苏人奇之,听者数百人,明日来听者益多。唱者改唱大曲[②],群一噱而散。又有黎殿臣者,善为新声,至今效之,谓之"黎调",亦名[跌落金钱]。二十年前尚哀泣之声,谓之"到春来",又谓之"木兰花",后以下河土腔唱[剪靛花],谓之"网调"。近来群尚[满江红]、[湘江浪],皆本调也。其[京舵子]、[起字调]、[马头调]、[南京调]之类,传自四方,间亦效之。而鲁斤燕削[③],迁地不能为良矣。于小曲中加引子、尾声,如[王大娘]、[乡里亲家母]诸曲,又有以传奇中《牡丹亭》《占花魁》之类谱为小曲者,皆土音之善者也。

【注释】

①小唱:又叫小曲,后定名为清曲。元明人用以指称散曲之外的各种俗曲。

②大曲:与小曲相对,为歌舞相兼的曲种。

③鲁斤燕削:鲁善产削(小刀),燕善产斤(斧子),但在鲁生产斤而在燕制造削,质量就不会好。比喻受地域限制,虽然模仿也达不到原来的水平。

扬州评话

评话[①]盛于江南,如柳敬亭、孔云霄、韩圭湖诸人[②],屡为陈其年、余淡心、杜茶村、朱竹垞所赏鉴。次之季麻子平词为李宫保卫所赏。人参客王建明瞽后,工弦词 ③,成名师,顾翰章次之。紫痫痫弦词,蒋心畬为之作古乐府,皆其选也。郡中称绝技者,吴天绪《三国志》、徐广如《东汉》、王德山《水浒记》、高晋公《五美图》、浦天玉《清风闸》、房山年《玉蜻蜓》、曹天衡《善恶图》、顾进章《靖难故事》、邹必显《飞跎传》、谎陈四《扬州话》,皆独步一时。近今如王景山、陶景章、王朝幹、张破头、谢寿子、陈达三、薛家洪、谌耀廷、倪兆芳、陈天恭,亦可追武前人。大鼓书 ④ 始于渔鼓简板说孙猴子,佐以单皮鼓檀板,谓之"段儿书"。后增弦子,谓之"靠山调",此技周善文一人而已。

【注释】

① 评话:又叫平词,曲艺的一种,由一个人用当地方言讲说,不加演唱。

② 柳敬亭:清代著名的说书大家。韩圭湖:一名修龄,相传为顺治时宫廷中的说书艺人。

③ 弦词:即扬州弹词,用扬州方言演唱,用三弦伴唱,是相对于评话的另一种说书形式。

④ 大鼓书:由一个人击鼓、板演唱,由一或多人伴奏的曲艺。

徐广如

徐广如始为评话,无听之者,在寓中自捆 ① 其颊。有叟自外至,询其故。自言其技之劣,且告以将死,叟曰:"姑使余听之,可乎?"徐诺。叟聆之,笑曰:"期以三年,当使尔技盖于天下也。"

徐随侍。叟令读汉魏文三年,曰:"可矣。"故其吐属②渊雅,为士大夫所重也。

【注释】

① 摑(guó):打耳光,用巴掌抽。

② 吐属(zhǔ):谈吐。

吴天绪

吴天绪效张翼德据水断桥。先作欲叱咤之状,众倾耳听之,则唯张口努目,以手作势,不出一声,而满室中如雷霆喧于耳矣。谓其人曰:"桓侯①之声,讵②吾辈所能效?状其意使声不出于吾口而出于各人之心,斯可肖③也。"虽小技,造其极,亦非偶然也。

【注释】

① 桓侯:指张飞。张飞死后谥桓,后人尊之为桓侯。

② 讵(jù):岂,难道。

③ 肖(xiào):模仿,仿效。

香生玉局

画舫多以弈为游者。李啸村《贺园诗序》有云:"香生玉局①,花边围国手之棋。"是语可想见湖上围棋风景矣。扬州国工②只韩学元一人而已,若寓公③,则樊麟书、程懒予、周东侯、盛大有、汪汉年、黄龙士、范西屏、何闇公、施定庵、姜吉士诸人,后先辉映。

懒予曾与客弈于画舫，一劫未定，镇淮门已扃④。终局后将借宿枝上村，逡巡摸索，未得其门。比天明，乃知身卧古塚。定庵父殁，从母改适⑤范氏，生西屏。施、范同时称国手，范著《桃花泉奕谱》，施著《弈理指归》，皆传于世。今之言棋者，动曰施、范。乃二君渡江来扬时，尝于村塾中宿，定庵戏与馆中童子弈，不能胜，西屏更之，亦不能胜。又西屏游于甓社湖，寓僧寺。有担草者，范与之弈数局，皆不能胜，问姓名，不答，曰："今盛称施、范，然第⑥吾儿孙辈耳。弈，小数也，何必出吾身与儿孙争虚誉耶？"荷担而去。

【注释】

① 玉局：棋盘的美称。

② 国工：指围棋国手。

③ 寓公：指寄居或流落他乡的士绅。

④ 扃（jiōng）：锁门。

⑤ 改适：改嫁。

⑥ 第：只不过，仅仅。

风筝

风筝盛于清明。其声在弓，其力在尾，大者方丈，尾长有至二三丈者。式多长方，呼为"板门"，余以螃蟹、蜈蚣、蝴蝶、蜻蜓、"福"字、"寿"字为多，次之陈妙常、僧尼会、老跎少、楚霸王及欢天喜地、天下太平之属①，巧极人工。晚或系灯于尾，多至连三连五。近日新制洋灯，取象风筝而不用线。其法用棉纸无瑕穴者，长尺四寸，阔尺二寸，搓之灭性，缀其端如毂②。削竹莨作环如纸大,以纸附之,中交午^③系两铜丝,交处置极薄铜片,周围上乔作墙,中铺苴麻。麻用膏粱酒浸熟者,上铺黄白蜡、流磺、潮脑^④、狼粪,以火燃之。令有力者四人持其纸之向上无篾环者,爇药而升,不纵自上,大如经星,终夜乃落。

【注释】

① 陈妙常:宋代名尼,自幼体弱,削发为尼,工于诗文音律。此处指以其形象做成风筝。

② 毂(gǔ):车轮。这里是指将棉纸搓成长条,结成车轮状。

③ 交午:纵横交错。

④ 潮脑:即樟脑。

妓舟

小秦淮妓馆常买棹^①湖上。妆掠^②与堂客船异,大抵梳头多双飞燕、到枕松之属。衣服不着长衫,夏多子儿纱,春秋多短衣,如翡翠织绒之属,冬多貂覆额,苏州勒子之属^③。船首无侍者,船尾仅一二仆妇。游人见之,或隔船作吴语^④,或就船拂须握手,倚栏索酒,倾卮^⑤无遗漏。甚至湖上市会日,妓舟齐出,罗帏翠幕,稠叠围绕。韦友山诗云"佳话湖山要美人",谓此。

【注释】

① 买棹:雇船。

② 妆掠:梳妆打扮。掠,梳理。

③ 勒子:妇女头上戴的饰物,系遮于眉勒,既为装饰,又可御寒。

④吴语:吴地方言,其声音轻柔和美,此处借用此意。

⑤卮(zhī):盛酒的器皿。

灯船

灯船多用鼓棚,楣枋楀①檐,有镨有镦②,中覆锦棚,垂索藻井③,下向反披。以宫灯为丽;其次琉璃,一船连缀百余,窟窀④而出。或值良辰令节,诸商各于工段临水张灯,两岸中流,交辉焕采。时有驾一小舟,绝无灯火,往来其间,或匿树林深处,透而望之,如近斗牛而观列宿。查悔馀有《灯船》诗云:"琉璃一片映珊瑚,上有青天下有湖。岸岸楼台开昼锦,船船弦索曳歌珠。二分明月收光避,千队骊龙逐伏趋。不为水嬉夸盛世,万人连夕乐康衢。"

【注释】

①楀(mián):屋檐板。

②镨(zān):钉子。镦(wéi):挂东西用的钩子。

③藻井:传统建筑中天花板上都有各种花纹、彩画,做成方圆或多边形的四面。

④窟窀(kū zhà):形容物体在穴中的样子。

插花

花船于市会插花画舫中,大者用磁缸①,小则瓶洗之属②,一瓶动值千金。插花多意外之态。此技瓜洲张某最优,时人称为"瓜张"。优者叶友松一人，亦传其法，十番教师朱五呆亦能之。

【注释】

① 磁缸：瓷做的花缸。

② 瓶洗：指小型的插花器皿。洗，古代盛水用以洗笔的器皿。

杂耍之技

杂耍之技，来自四方，集于堤上。如立竿百仞，建帜于颠，一人盘空拔帜，如猱升木，谓之"竿戏"。长剑直插喉嗉，谓之"饮剑"。广筵长席，灭烛篝① 火，一口吹之，千碗皆明，谓之"壁上取火""席上反灯"。长绳高系两端，两人各从两端交过，谓之"走索"。取所佩刀令人尽力刺其腹，刀摧腹幡②，谓之"弄刀"。置盘竿首，以手擎之，令盘旋转，复两手及两腕、腋、两股及腰与两腿，置竿十余，其转如飞，或飞盘空际，落于原竿之上，谓之"舞盘"。戏车一轮，中坐数女子，持其两头摇之，旋转如环，谓之"风车"。一人两手执箕，踏地而行，扬米去糠，不溢一粒，谓之"簸米"。置丈许木于足下，可以超乘③，谓之"蹦高跷"④。以巾覆地上，变化什物，谓之"撮戏法"。以大碗水覆巾下，令隐去，谓之"飞水"。置五红豆于掌上，令其自去，谓之"摘豆"。以钱十枚，呼之成五色，谓之"大变金钱"。取断臂小儿令吹笙，工尺具合，谓之"仙人吹笙"。癸丑秋月，诸杂耍醵资⑤ 买棹，聚于熙春台，各出所长，凡数日而散。一老人年九十许，曳大竹重百余斤，长三四丈，立头上。每画舫过，与一钱。黄文旸为之立传。

① 罨（yǎn）：覆盖。

② 皤（pó）：白色。指刀只在腹部留下一个白点。

③ 超乘：迅速奔跑。

④ 蹤（xǐ）高跻（qiāo）：即踩高跷。脚下踩着木棍，边走边表演的一种杂戏。

⑤ 醵（jù）资：大家合伙凑钱。

料丝灯

北郊多萤，土人制料丝①灯，以线系之，于线孔中纳萤，其式方圆六角八角及画坊、宝塔之属，谓之火萤虫灯。近多以蜡丸爇之，每晚揭竿首鬻卖，游人买作土宜。亦间取西瓜皮镂刻人物、花卉、虫鱼之戏，谓之西瓜灯。近日城内多用料丝作大山水灯片。薛君采诗云："霏微状蝉翼，连娟侔网丝。"谓此。

【注释】

① 料丝：一种以玛瑙、紫石英等矿物煮浆抽丝而成的丝状原料，多用于制作工艺品。

面馆

野食谓之饷。画舫多食于野，有流觞、留饮、醉白园、韩园、青莲社、留步、听箫馆、苏式小饮、郭汉章馆诸肆。而四城游人又多有于城内肆中预订者，谓之订菜，每晚则于堤上分送各船。城内食肆多附于面馆,面有大连^①、中碗、重二之分。冬用满汤,谓之大连;夏用半汤,谓之过桥。面有浇头^②,以长鱼^③、鸡、猪为三鲜。大东门有如意馆、席珍,小东门有玉麟、桥园,西门有方鲜、林店,缺口门有杏春楼,三祝庵有黄毛,教场有常楼,皆此类也。乾隆初年,徽人于河下街卖松毛包子,名"徽包店",因仿岩镇街没骨鱼^④面,名其店曰"合鲭"^⑤,盖以鲭鱼为面也。仿之者有槐叶楼火腿面,合鲭复改为坡儿上之玉坡,遂以鱼面胜。徐宁门问鹤楼以螃蟹面胜。而接踵而至者,不惜千金买仕商大宅为之,如涌翠、碧芗泉、槐月楼、双松圃、胜春楼诸肆。楼台亭榭,水石花树,争新斗丽,实他地之所无。其最甚者,鲟鱼、蚨蛛、班鱼、羊肉诸大连,一碗费中人^⑥一日之用焉。

【注释】

① 大连:大碗。

② 浇头:方言,指加在盛好的面条或米饭上的菜。

③ 长鱼:扬州人称黄鳝为长鱼。

④ 没骨鱼:指抽掉鱼骨后鱼肉。

⑤ 鲭:实为鱼和肉的杂烩,非指鲭(qīng)鱼。下文李斗所释有误。

⑥ 中人:普通百姓。

卷十二　桥东录

怡性堂

绿杨湾门内建厅事，悬御匾"怡性堂"三字，及"结念底须怀烂缦，洗心雅足契清凉"一联。栋宇轩豁[①]，金铺玉锁，前厂[②]后荫。右靠山用文楠雕密箐[③]，上筑仙楼，陈设木榻，刻香檀为飞廉[④]、花槛、瓦木阶砌之类。左靠山仿效西洋人制法，前设栏楯，构深屋，望之如数什百千层，一旋一折，目炫足惧，惟闻钟声，令人依声而转。盖室之中设自鸣钟，屋一折则钟一鸣，关捩[⑤]与折相应。外画山河海屿，海洋道路；对面设影灯，用玻璃镜取屋内所画影。上开天窗盈尺，令天光云影相摩荡[⑥]，兼以日月之光射之，晶耀绝伦。更点宣石如车厢侧立，由是左旋，入小廊，至翠玲珑馆。小池规月，矮竹引风。屋内结花篱，悉用赣州滩河小石子，甃地作连环方胜式[⑦]，旁设书楼，计四。旁开楼门，至蓬壶影，联云："碧瓦朱甍照城郭杜甫，穿池叠石写蓬壶常元旦。"是地亦名西斋，本唐氏西庄之基，后归土人种菊，谓之唐村。村乃保障旧埂，俗曰唐家湖。江氏买唐村，掘地得宣石数万，石盖古西村假山之埋没土中者。江氏因堆成小山，构室于上，额曰"水佩风裳"，联云："美花多映竹杜甫，无处不生莲杜荀鹤。"是石为石工仇好石所作。好石年二十有一，因点是石，得痨瘵[⑧]而死。

【注释】

① 轩豁:高大开阔。

② 厂:同"敞",宽绰。

③ 密菁(qìng):密密的竹林。

④ 飞廉:一种神兽的名称。

⑤ 关捩(liè):机关。

⑥ 摩荡:摩擦震荡。

⑦ 甃(zhòu):用砖石砌。方胜:原来指妇女的一种像由两个菱形部分重迭组合而成的饰物,这里指这种图形。

⑧ 痨瘵(zhài):肺结核。

李斗游记

江园最胜在怡性堂后,曩尝作游记一首,因附录之。记云:辛卯七月朔越六日乙巳,客有邀余湖上者,酒一瓮①,米五斗,铛三足②,灯二十有六,挂棋一局,洞箫一品,篙二手,客与舟子二十有二人,共一舟。放乎中流,有倚槛而坐者,有俯视流水者,有茗战者,有对弈者,有从旁而谛视者,有怜其技之不工而为之指画者,有捻须而浩叹者,有讼成败于局外者。于是一局甫终,一局又起,颠倒得失,转相战斗。有脱足者,有歌者、和者,有顾盼指点者,有隔座目语者,有隔舟相呼应者,纵横位次,席不暇暖③。

【注释】

① 瓮(wèng):一种盛东西的陶器。

② 铛(chēng):古代的温器,有三足,可以温酒、茶。

132

③ 席不暇暖：席子还没坐暖就离去，这里形容游客来回走动，奔来跑去的情景。

　　是时舟入绿杨湾，行且住，舍而具食。食讫，客病其器，戒弈，亦不游，共坐涵虚阁各言故事。人心方静，词锋顿起。举唐宋小说志异诸书，尽入麈下①，自庞眉②秃发以至白皙年少，人如其言而言如其事。又有寓意于神仙鬼怪之说，至于无可考证，耀采缤纷。或指其地神其说曰：某时某事，吾先人之所闻也；某乡某井，吾童子时所亲见也。纂组③异闻，网罗轶事，猥琐赘余④，丝纷栉比⑤。一经奇见而色飞，偶尔艳聆而绝倒，乃琐至顾曲谐谑⑥，释梵巫呪⑦，傩逐伶倡，如擎至宝，如读异书。不觉永日易尽，是时夕阳晚红，烟出景暮，遂饮阁中。酒三巡，或拇战⑧，或独酌，或歌，或饭，听客之所为。酒酣耳热，箫声于于⑨，牵牛相与。

【注释】

① 尽入麈（zhǔ）下：都在闲谈之中。麈，古人在闲谈时用于驱赶蚊虫的一种工具，多用兽毛制成。

② 庞眉：黑白相杂的眉毛，形容苍老的样子。

③ 纂组：搜罗编辑。

④ 猥琐赘余：繁杂琐细。

⑤ 丝纷栉（zhì）比：像丝一样纷繁，像梳齿一样排列。形容纷繁罗列。

⑥ 谐谑：语言滑稽而带有戏弄的意思。

⑦ 巫呪：巫师。

⑧ 拇战：即划拳。

⑨ 于于：连续不断。

摇艇入烟波中,两岸秋花,衰红自矜;暮云断处,银河水浅。芳草为萤,的历①照人;哀蝉恋树,咽夜互鸣。新月无力,易于沉水;夜静山空,扁舟容与②。灯火灿烂,菱蔓不定。竹喧鸟散,曙色欲明,寺钟初动,舟中人皆有离别可怜之色。今夕何夕,盖古之所谓七夕也。归舟共卧于天光云影楼下。七夕既尽,八日复同登天光云影楼,不洗盥,不饮食,不笑语。仰首者辄负手,巡檐③者半摇步,倚栏者皆支颐④,注目者必息气,欠伸者余睡情,箕踞者多睥睨⑤,各有潇洒出尘之想。

【注释】

① 的历:鲜明光亮的样子。

② 容与:形容船只随水波起伏荡漾的样子。

③ 巡檐:来往于檐前。

④ 颐:下巴。

⑤ 箕踞:一种张开两腿比较随意的坐姿。睥睨:斜目而视。

桃花池馆

涵虚阁之北,树木幽邃,声如清瑟凉琴。半山槲①叶当窗槛间,影碎动摇,斜晖静照,野色连山,古木色变,春初时青,未几白,白者苍,绿者碧,碧者黄,黄变赤,赤变紫,皆异艳奇采不可殚记。颜其室曰"珊瑚林",联云:"艳采芬姿相点缀权德舆,珊瑚玉树交枝柯韩愈。"由珊瑚林之末,疏桐高柳间,得曲尺房栊②,名曰"桃花池馆",联云:"千树桃花万年药元稹,半潭秋水一房山李洞。"北郊上桃花,以此为最。花在后山,故游人不多见。每逢山溪水发,急趋保障湖,一片红霞,汩没波际,如挂帆分波,为湖上流水桃花,一胜也。

【注释】

① 檞(jiě):檞树,落叶乔木,树皮暗灰褐色,深纵裂,叶片倒卵形,深绿色。

② 房栊:泛指房屋。

江春

江方伯名春,字颖长,号鹤亭,歙县人。初为仪征诸生,工制艺①,精于诗,与齐次风、马秋玉齐名②。先是,论诗有"南马北查"之誉,迨秋玉下世,方伯遂为秋玉后一人。体貌丰泽,美须髯,为人含养圭角③,风格高迈,遇事识大体。居南河下街,建随月读书楼,选时文④付梓行世,名《随月读书楼时文》。于对门为秋声馆,饲养蟋蟀,所造制沉泥盆,与宣和金戗⑤等。徐宁门外隙地⑥以较射,人称为江家箭道⑦。增构亭榭池沼,药栏花径,名曰"水南花墅"。乾隆己卯,芍药开并蒂一枝,庚辰开并蒂十二枝,枝皆五色,卢转使为之绘图征诗,钱尚书陈群为之题"袭香轩"扁。自著有《水南花墅吟稿》。东乡构别墅,谓之"深庄",著《深庄秋咏》。北郊构别墅,即是园,有黄芍药种,马秋玉为之征诗。丁丑改为官园,上赐今名。移家观音堂,家与康山⑧比邻,遂构康山草堂。郡城中有"三山不出头"之谚,三山谓巫山、倚山、康山是也。巫山在禹王庙,倚山在蒋家桥,今茶叶馆中康山,即为是地,或称为康对山⑨读书处。又于重宁寺旁建东园,凡此皆称名胜。方伯以获逸犯张凤,钦赏布政使秩衔[10]。复以两淮提引案就逮京师,获免。曾奉旨借币三十万,与千叟宴,其际遇如此。方伯死,泣拜于门不言姓氏者,日十数人,或比之陈孟公[11]之流,非其伦也。子振鸿,字颉云,好读书,长于诗。江氏世族繁衍,名流代出,坛坫[12]无虚日,奇才之士,座中常满,亦一时之盛也。

【注释】

① 制艺:又叫"制义",即八股文。因其写作有一定的格式,故称为制艺。

② 齐次风:即齐召南,字次风,号琼台,浙江天台人。官至内阁学士兼礼部侍郎。有诗名,与浙江名家厉鹗、杭世骏并称。有《宝纶堂文钞》《诗钞》等。马秋玉:即马曰琯。

③ 含养圭角:形容内藏锋芒。含养,包容养育。圭角,指玉的角,借以比喻锋芒。

④ 时文:旧指科举应试的文体,这里特指清代的八股文。

⑤ 金戗(qiàng):北宋宣和年间制作的一种著名的蟋蟀盆。

⑥ 隙地:空地。

⑦ 箭道:旧时指官府、大户人家用来练习射箭的场所。

⑧ 康山:明永乐年间,平江伯陈瑄浚治运河,堆土于此,成土山。嘉靖年间,增筑新城,此山入城。后大理寺卿姚思孝葺为山馆,后废为民居。江春所构为增扩。

⑨ 康对山:即明代著名文学家康海,字德涵,号对山,官至修撰。他是明代"前七子"之一。著有杂剧《中山狼》、散曲集《沜东乐府》、诗文集《对山集》等。曾被流放,传说寓居于康山草堂。

⑩ 秩衔:官衔。此处指赏赐江春布政使的官衔,而非任职。

⑪ 陈孟公:指汉代的陈遵,字孟公。他生性好客,豪迈不拘。

⑫ 坛坫(diàn):原为公盟的坛台,这里指文人聚会的场所。

游山具

江增,字兆年,号臞生。性好山水,于黄山下构卧云庵自居,制茶担以济胜①,行列甚都②,名曰"游山具"。刓③柳木令扁,以绳系两头担之,谓之"扁担"。蒙以填漆④,上书庵名。担分两头,每一头分上中下三层。前一头上层贮铜茶酒器各一,茶器围以铜,中置筒,实炭,下开风门,小颈环口修腹,俗名茶锥⑤。酒器如其制,而上覆以铜,四旁开窦,实以酒插,名曰"酒锥",俗呼为四眼井。旁置火箸二,小夹板二,中夹卧云庵五色笺,小落手袖珍诗韵一,砚一,墨一,笔二。中层贮锡胎填漆黑光面盆,上刺庵名,浓金填掩雕漆茶盘一,手巾二,五色聚头扇⑥七。下层为楼,贮铜酒插四,瓷酒壶一,铜火函一,铜洋罐一,宜兴砂壶一,烟合一,布袋一,捆炭作橐⑦,置之袋中。此前一头也。后一头上层贮秘色瓷盆八,中层磁饮食台盘三十,斑竹箸一十有六,铜手炉一,填漆黑光茶匙八,果叉八,锡茶器一,取火刀石各一,截竹为筒,以闭火。下层贮铜暖锅煮骨董羹,傍列小盘四。此后一头也。外具干瓠盛酒为瓢赍,截紫竹为箫,以布捆老斑竹烟袋,并挂蒲团大小无数于扁担上。江郑堂为之作《游山具记》。每一出游,湖上人皆知为臞生居士来也。

【注释】

① 济胜:攀越胜境,登山临水。

② 都：大。

③ 刳（kū）：剖开，挖空。

④ 填漆：在胎上堆刻后填彩磨显出花纹的髹饰技法。

⑤ 镟（cuī）：烧茶温酒的器具。

⑥ 聚头扇：又名撒扇。即折扇。

⑦ 橐（tuó）：用口袋装。

四桥烟雨

"四桥烟雨"，一名黄园，黄氏①别墅也。上赐名"趣园"，御制诗云："多有名园绿水滨，清游不事羽林纷。何曾日涉原成趣，恰值云开亦觉欣。得句便前无系恋，遇花且止足芳芬。问予喜处诚奚托，宜雨宜旸利种耘。"黄氏兄弟好构名园，尝以千金购得秘书一卷，为造制宫室之法。故每一造作，虽淹博②之才，亦不能考其所从出。是园接江园环翠楼，入锦镜阁。飞檐重屋，架夹河中。阁西为"竹间水际"下，阁东为"回环林翠"，其中有小山逶迤，筑丛桂亭。下为四照轩，上为金粟庵。入涟漪阁，循小廊出，为澄碧堂。左筑高楼，下开曲室，暗通光霁堂。堂右为面水层轩，轩后为歌台，轩旁筑曲室，为云锦淙。出为河边方塘，上赐名"半亩塘"，由竹中通楼下大门。

"四桥烟雨"，园之总名也。四桥，虹桥、长春桥、春波桥、莲花桥也。虹桥、长春、春波三桥，皆如常制。莲花桥上建五亭，下支四翼，每翼三门，合正门为十五门。《图志》谓四桥中有玉版，无虹桥。今按玉版乃长春岭旁小桥，不在四桥之内。

【注释】

① 黄氏：奉宸苑卿衔黄覆暹。

② 淹博：学问广博。

卷十三　桥西录

木瓜酒

跨虹阁在虹桥爪。是地先为酒铺，迨丁丑后，改官园，契归黄氏，仍令园丁卖酒为业。联云："地偏山水秀^{刘禹锡}，酒绿河桥春^{李正封}。"阁外日揭帘，夜悬灯。帘以青白布数幅为之，下端裁为燕尾，上端夹板灯，上贴一"酒"字。土酒如通州雪酒、泰州枯、陈老枯、高邮木瓜、五加皮、宝应乔家白，皆为名品，而游人则以木瓜为重。近年好饮绍兴，间用百花，今则大概饮高粱烧，较本地所酿为俗矣。造酒家以六月三伏时造曲，曲有米麦二种，受之以范，其方若砖。立冬后煮瓜米和曲，谓之起醅①，酒成谓之醅酒②。瓜米者，糯稻碾五次之称，碾九次为茶米，用以作糕粽。五六次者为瓜米，用以作酒，亦称酒米。醅酒即木瓜酒。以此米可造木瓜酒，故曰瓜米。酒用米曲则甘美，用麦曲则苦烈。烧酒以米为之，曰米烧；以麦为之，曰麦烧；又有自醅酒糟中蒸出，谓之糟烧。其高粱、荞麦、绿豆均可蒸，亦各以其谷名为名。城外村庄中人善为之，城内之烧酒，大抵俱来自城外。驴驮车载，络绎不绝，秋成新筲③，为时酒④，又曰红梅酒，一曰生酒。时酒一斤，合烧酒之半，曰火对；合烧酒十分之二，曰筛儿；合烧酒醅酒各均，为木三对。八月红梅新熟，各肆择日贴帖，曰开生；人争买之，曰尝生；至二月惊蛰后止,谓之剪生。酒以斤重,斤以箄⑤计,箄以大竹为之,自一两至一斤,箄准此为大小。《梦香词》云"巨箄时酒论筛沽"是也。铺中敛钱者为掌柜,烫酒者为酒把持⑥。凡有沽者,斤数掌柜唱之,把持应之,遥遥赠答,自成作家⑦,殆非局外人所能猝辨,《梦香词》云"量酒唱筹通夜市"是也。其烧酒未蒸者,为酒娘儿⑧,饮之鲜美,以泉水烧酒和之,则成烧蜜酒,《梦香词》云"莺声巷陌酒娘儿"是也。酒铺例为人烫蒲包豆腐干,谓之旱团鱼⑨。

【注释】

① 起酷:发酵。酷,方言,发酵。

② 醅(pēi)酒:指没有过滤的酒。

③ 箄(chōu):原指一种滤酒用的竹具,后借指酒。

④ 时酒:新酿成的酒。

⑤ 箄(chuǎn):一种长柄的用来量酒、油的竹筒。

⑥ 把持:招待,俗称店小二。

⑦ 作家:指行家高手。

⑧ 酒娘儿:即酒酿,带糟的甜米酒。

⑨ 旱团鱼:形容豆腐干圆形似鳖。团鱼,鳖的俗称。

长堤春柳

扬州宜杨①。在堤上者更大,冬月插之,至春即活,三四年即长二三丈。髡②其枝,中空,雨余多产菌如碗。合抱成围,痴肥③臃肿,不加修饰。或五步一株,十步双树,三三两两,跂立园中。构厅事,额曰"浓阴草堂"。联云:"秋水才添四五尺_{杜甫},绿阴相间两三家_{司空图}。"又过曲廊三四折,尽处有小屋如"丁"字,谓之"丁头屋"。额曰"浮春楹",联云:"绿竹夹清水_{江淹},游鱼动圆波_{潘安仁}。"

【注释】

① 扬州宜杨:语出沈括《梦溪笔谈》:"荆州宜荆,蓟州宜蓟,扬州宜杨。"此说意在说明地名与当地树木的关系。

② 髡(kūn):本是古代剃去男子头发的刑罚,这里是砍去的意思。

③ 痴肥:笨拙粗胖的样子。

桃花坞

桃花坞在长堤上,堤上多桃树,郑氏于桃花丛中构园。门在河曲处,与关帝庙大门相对。

园门八角式,石刻"桃花坞"三字额其上。

梅岭春深

"梅岭春深"即长春岭,在保障湖中,由蜀冈中峰出脉者也。丁丑间,程氏加葺虚土,竖木三匝,上建关帝庙,庙前叠石马头。左建玉板桥,右构岭上草堂,堂后开路上岭,中建观音殿。岭上多梅树,上构六方亭。岭西复构小屋三楹。名曰"钓渚"。程氏名志铨,字元恒,午桥之兄。筑是岭三年不成,费工二十万,夜梦关帝示以度地之法,旬日而竣。后归余氏。余熙字次修,工诗善书。岭西垣门"梅岭春深"石额,其自书也。

玉板桥

岭在水中,架木为玉板桥,上构方亭,柱栏檐瓦,皆裹以竹,故又名竹桥。湖北人善制竹,弃青用黄,谓之反黄,与剔红、珐琅诸品,同其华丽。郡中善反黄者,惟三贤祠僧竹堂一人而已,是桥则用反黄法为之。

钓鱼台

岭西一亭依麓,额曰"钓渚",联云:"浩歌白兰渚徐彦伯,把钓在秋风杜甫。"亭下有水马头,碧藓时滋,地衣尽涩,悄无人迹,水容鲜妍。

莲性寺

莲性寺在关帝庙旁,本名法海寺,创于元至元间,圣祖赐今名,并御制《上巳日再登金山》诗一首,书唐人绝句一对,临董其昌书绝句一首,上赐"众香清梵"扁,皆石刻于亭,供奉寺中。寺门在关帝庙右,中建三世佛殿,旁庑十余楹,通郝公祠。后建白塔,仿京师万岁山①塔式。塔左便门,通得树厅,厅角便门通贺园,厅外则为银杏山房。赵滕翁诗序云:出天宁门近郊二里,有法海寺精舍一区,曲水当门,石梁济渡。凡游平山者,从此为中道②。僧牧山,字只得,工于诗。

① 万岁山：即今北京北海公园中的白塔山。此山历代都有修建，元代时称为万岁山，清代因建白塔，称为白塔山。

② 中道：半途。莲性寺基本上处于市区到平山堂道路的一半，游人多在此歇脚。

白塔

寺①中多柏树，门殿廊舍皆在树隙，故树多穿廊拂檐。所塑神像，出苏州名臣手，皆极盛制。而文殊、普贤变相②，三首六臂，每首三目，二臂合掌，余四臂擎莲花、火轮、剑杵、简㮦并日月轮火焰之属。禩③身着虎皮裙，蛇绕胸项间，努目直视，金涂错杂，光彩陆离，制更奇丽。殿后柏树上巢鹤鸟无数，其下松花苔藓，作绀碧色④，加之鸟粪盈尺，游人罕经。中建台五十三级⑤，台上造白塔。塔身中空，供白衣大士⑥像。其外层级而上。加青铜缨络⑦，鎏金⑧塔铃，最上簇鎏金顶。寺僧牧山开山⑨，年例于十二月二十五日燃灯祈福。徒传宗，精术数⑩。乾隆甲辰，重修白塔甫成，传宗谓向来塔尖向午⑪由左窗第二隙中倒入，今自右窗第二隙中侧入，恐不直，遂改修。按欧阳修《归田录》⑫，记开宝寺塔，为都料匠⑬预浩所造。初成，望之不正而势倾，浩曰："京师地平无山，多西北风，吹之不百年当正。"此则因地制宜，又非拙工可同日语也。

【注释】

① 寺：即莲性寺，原名法海寺，始建于元代至正年间，康熙时改称此名。寺在五亭桥南岸，今已不存，寺内最著名的建筑白塔尚存。

144

② 文殊、普贤：佛教菩萨名。二人分侍释迦牟尼左右，文殊以大智著称，普贤以大行著称。

③ 襁（qiǎng）：背负婴儿用的布带。

④ 绀（gàn）碧色：天青色。

⑤ 五十三级：佛教传说，善财童子受文殊菩萨指点，南行五十三处，遍访名师，方成正果。

⑥ 白衣大士：指观世音菩萨。

⑦ 缨络：原指用珠玉串连而成戴在脖颈间的饰物，这里指塔顶悬挂的类似装饰物。

⑧ 鎏（liú）金：用一种金汞合金制成的金泥涂抹在器皿的表面，在烘烤后，将金固结在器皿上。

⑨ 开山：在名山中创建寺院。

⑩ 术数：用方术来替人算命，如星占、六壬、占卜等。

⑪ 向午：临近正午的时候。

⑫ 《归田录》：宋代欧阳修撰。二卷，多记朝廷逸事，可补正史之缺。

⑬ 都料匠：即营造师，工匠头。

贺园

贺园始于雍正间，贺君召创建。君召字吴村，临汾人。建有翛然亭、春雨堂、品外第一泉、云山、吕仙二阁、青川精舍。迨乾隆甲子，增建醉烟亭、凝翠轩、梓潼殿、驾鹤楼、杏轩、芙蓉汉、目瞤台、对薇亭、偶寄山房、踏叶廊、子云亭、春山草外山亭、嘉莲亭。丙寅间，以园之醉烟亭、凝翠轩、梓潼殿、驾鹤楼、杏轩、春雨亭、云山阁、品外第一泉、目瞤台、偶寄山房、子云亭、嘉莲亭十二景，征画士袁耀绘图,以游人题壁诗词及园中扁联,汇之成帙,题曰《东园题咏》。

五亭桥

莲花桥在莲花埂,跨保障湖①,南接贺园,北接寿安寺茶亭。上置五亭,下列四翼洞,正侧凡十有五。月满时每洞各衔一月,金色滉漾②。乾隆丁丑,高御史创建③。

【注释】

① 保障湖:即保障河,为扬州护城河,后改为瘦西湖。

② 滉(huàng)漾:形容水波荡漾的样子。

③ 高御史:指巡盐御史高恒,于乾隆二十二年修建该桥。

卷十四　冈东录

白塔晴云

"白塔晴云"在莲花桥北岸,岸漘^①外拓,与浅水平。水中多巨石,如兽蹲踞,水落石出,高下成阶。上有奇峰壁立,峰石平处刻"白塔晴云"四字。阶前高层三间,名曰"桂屿",屿后为花南水北之堂,堂右为积翠轩。轩前建半青阁,阁临园中小溪河,溪西设红板桥。桥西梅花里许,筑"之"字厅。厅外种芍药,其半为芍厅。前为兰渚,后为苍筤馆。复数折入林香草堂,堂后入种纸山房。其旁有归云别馆,外为望春楼,楼右为西爽阁。

【注释】

① 漘(chún):水边。

小李将军画本

望春楼前有圆池,左右设二石桥,曲如蟹螯,额曰"一渠春水",联云"北榭远峰闲即望_{薛能},月华星采望来收_{杜甫}。"池前高屋五楹,露台一方,台外即新河湾处,大石侧立,作惊涛怒浪,篙刺蜂房。飞楼杰阁,崛起于云霄之间,复道四通于树石之际,朱金丹青,照耀陆离,额曰"小李将军画本",联云:"万井楼台凝绣画_{杜甫},千家山郭静朝晖_{张九龄}。"屋后小卷对望春楼,联云:"飞阁凌芳树_{张九龄},双桥落彩虹_{李白}。"

石壁流淙

"石壁流淙",一名"徐工",徐氏别墅也。乾隆乙酉,赐名"水竹居"。御制诗云:"柳堤系桂艤,散步俗尘降。水色清依榻,竹声凉入窗。幽偏诚独擅,揽结喜无双。凭底静诸虑,试听石壁淙。"是园由西爽阁前池内夹河入小方壶,中筑厅事,额曰"花潭竹屿"。厅后为静香书屋,屋在两山间,梅花极多。过此上半山亭,山下牡丹成畦。围以矮垣,垣门临水,上雕文砖为如意①,为是园之水马头,呼为"如意门"。门内构清妍室,室后壁中有瀑入内夹河。过天然桥,出湖口,壁中有观音洞。小廊嵌石隙,如草蛇云龙,忽现忽隐,莳玉居藏其中。壁将竟,至阆风堂,壁复起折入丛碧山房,与霞外亭相上下。其下山路,尽为藤花占断矣。盖石壁之势,驰奔云矗,诡状变化,山榴海柏,以助其势,令游人攀跻弗知何从。如是里许,乃渐平易,因建碧云楼于壁之尽处。园内夹河亦于此出口。楼右筑小室四五间,赐名"静照轩"。轩后复构套房,诡制不可思拟,所谓"水竹居"也。

【注释】

① 如意:和尚宣讲佛经时持在手中的爪杖,其端多为云形、芒形。此处是指门的形状为如意形。

瀑布

"石壁流淙",以水石胜也。是园辇^①巧石,磊奇峰,潴^②泉水,飞出巅厓峻壁,而成碧淀红涔^③,此"石壁流淙"之胜也。先是土山蜿蜒,由半山亭曲径逶迤至此,忽森然突怒而出,平如刀削,削如剑利,襞积缝纫^④,淙嵌洑岨^⑤,如新篁出箨^⑥,疋练^⑦悬空。挂岸盘溪,披苔裂石。激射柔滑,令湖水全活,故名曰"淙"。淙者,众水攒冲,鸣湍叠濑^⑧,喷若雷风^⑨,四面丛流也。

【注释】

① 辇:运送。

② 潴(zhū):积蓄,聚汇。

③ 碧淀红涔(cén):形容水池波光粼粼的样子。淀,浅水湖泊。涔,积水。

④ 襞(bì)积:原指衣服上的褶裥,这里形容假山多皱的形态。

⑤ 洑岨(fú qū):泉水在石山间回旋。洑,回漩。岨,石山。

⑥ 新篁(huáng)出箨(tuò):新的竹子刚刚从笋皮中冒出来。篁,小竹。箨,竹笋皮。

⑦ 疋(pǐ)练:指瀑布。

⑧ 鸣湍叠濑:形容水流湍急的样子。

⑨ 雷风:雷和风,形容水势浩大。

天然桥

如意门中牡丹极高，花时可过墙而出。中筑清妍室，联云："露气暗连青桂苑_{李商隐}，春风新长紫兰芽_{白居易}。"室右环以流水，跨木为渡，名"天然桥"。桥取朽木，去霜皮^①，存铁干^②，使皮中不住聚脂，而郁跂^③顿挫。槛楯^④皆用附枝，委婉屈曲，偃蹇^⑤光泽，又一种木假^⑥诡制也。

【注释】

① 霜皮：苍白的树皮。

② 铁干：形容坚挺的树干。

③ 郁跂（qí）：弯曲分叉的样子。

④ 槛楯（jiàn shǔn）：栏杆。古代称横向的栏干为槛，纵向的栏干为楯。

⑤ 偃蹇（yǎn jiǎn）：委转曲折的样子。

⑥ 木假：用木头制作的物品或景观。

曲径通幽

天然桥西，汀草初丰，渚花乱作，大石屏立，疑无行路，度其下者，亦疑其必有殊胜。乃步浅岸，攀枯藤，寻绝径，猿鸟助忙，迎人来去，行人苦难，幽赏不倦，移时晃晃昱昱^①，自乱石出，长廊靓深^②，不数十步，金碧相映，如寒星垂地。由廊得一石洞，深黑不见人,持烛而入,中有白衣观音像。游者至此,迥非世间烟霞矣^③。

【注释】

① 晃晃昱昱(yù):明亮辉煌的样子。

② 靓(jìng)深:幽静深邃。靓,通"静"。

③ 烟霞:指凡尘俗世。

怡红院蓝本

静照轩东隅有门,狭束^①而入,得屋一间,可容二三人。壁间挂梅花道人^②山水长幅,推之则门也。门中又得屋一间,窗外多风竹声。中有小飞罩,罩中小棹,信手摸之而开。入竹间阁子,一窗翠雨,着须而凝。中置圆几,半嵌壁中,移几而入,虚室渐小。设竹榻,榻旁一架古书,缥缃^③零乱。近视之,乃西洋画也。由画中入,步步幽邃,扉开月入,纸响风来。中置小座,游人可憩,旁有小书橱,开之则门也。门中石径透迤,小水清浅,短墙横绝,溪声遥闻,似墙外当有佳境,而莫自入也。向导者指画其际,有门自开。粗险^④之石,穿池而出。长廊架其上,额曰"水竹居"。阶下小池半亩,泉如溅珠,高可逾屋,溪曲引流,随云而去。池旁石洞偪仄^⑤,可接楼西山翠,而游者终未之深入也。

【注释】

① 狭束:狭窄的意思。

② 梅花道人:元代著名画家吴镇,嘉兴人,字仲圭。善画山水竹石,每题诗画上,时称三绝。因其爱梅,故号梅花道人。

③ 缥缃(xiāng)：缥，青白色；缃，浅黄色。古代常用这两种颜色的绢帛做书衣，即书的封套，后即以此代指书卷。

④ 粗险：指山石粗豪奇险。

⑤ 偪仄(zè)：指地方狭窄。

人造喷泉

徐履安，赞侯[①]兄弟之子孙也。有诡气，善弄水。幼与群儿争浴河畔，能水面吹花，长与海船进洋，篙篷成绝技。善烹饪，岩镇街没骨鱼面，自履安始。娴女工，尝绣十八尊者像，为世罕有。工篆籀，人呼为"铁笔针神"。作纸鸢[②]置灯以照夜行。后来扬州，徐氏任以煮盐事，学算半月，能科计豆人寸马[③]，衣裳鞍辔，不溢一黍。丁丑间为园中杉木对联，仿斜塘杨汇銮[④]枪金法，以黑漆为地，针刻字画，傅以金箔，光彩异艳。作水法，以锡为筒一百四十有二伏地下，上置木桶高三尺，以罗罩之，水由锡筒中行至口，口七孔，孔中细丝盘转千余层，其户轴织具，桔槔[⑤]辘轳，关捩弩牙[⑥]诸法，由机而生，使水出高与檐齐，如趵突泉，即今之水竹居也。

【注释】

① 赞侯：即徐赞侯，安徽歙县人，后业盐扬州。有晴庄、墨耕学圃、交翠林等园。乾隆南巡时，江春借其园为康山退园，与康山草堂合而为一，迎接圣驾，传为胜事。此园遂与水竹居并称。

② 纸鸢(yuān)：风筝。

③ 科计：估量，计算。豆人寸马：巫术。指撒豆为人，剪纸为马。

④ 髹(xiū):把漆涂在器物上。

⑤ 桔槔(jié gāo):古代一种利用杠杆原理的井上汲水工具。

⑥ 弩牙:弩上发矢的机关。

锦泉花屿

"锦泉花屿",张氏别墅也。徐工之下,渐近蜀冈。地多水石花树,有二泉:一在九池东南角,一在微波峡,遂题曰"锦泉花屿"。由绿竹轩、清华阁一路浓阴淡冶,曲折深邃,入笼烟筛月之轩。至是亭沼既适,梅花缤纷,山上构香雪亭、藤花书屋、清远堂、锦云轩诸胜,旁构梅亭,山下近水,构水厅,此皆背山一面林亭也。山下过内夹河入微波馆,馆在微波峡之东岸,馆后构绮霞、迟月二楼。复道潜通,山树郁兴,中构方亭,题曰"幽岑春色",馆前小屿上有种春轩。

绿竹轩

绿竹轩居蜀冈之麓,其地近水,宜于种竹。多者数十顷,少者四五畦。居人率用竹结屋四角,直者为柱楣①,撑者榱栋②,编之为屏,以代垣堵③,皆仿高观竹屋、王元之竹楼之遗意。张氏于此仿其制,构是轩,背山临水,自成院落。盛夏不见日光,上有烟带其杪④,下有水护其根。长廊雨后,劚⑤笋人来;虚阁水腥,打鱼船过。佳构既适,陈设益精,竹窗竹槛,竹床竹灶,竹门竹联。联云:"竹动疏帘影卢纶,花明绮陌春王维。"盖是轩皆取园之恶竹为之,于是园之竹益修而有致。

【注释】

① 楣：屋子的梁。

② 榱（cuī）栋：屋椽和栋梁。

③ 垣堵：墙。

④ 杪（miǎo）：树梢。

⑤ 劚（zhú）：砍，斫。

卷十五 冈西录

熙春台

熙春台在新河曲处,与莲花桥相对。白石为砌,围以石栏,中为露台①,第一层横可跃马,纵可方轨②,分中左右三阶皆墄③。第二层建方阁,上下三层,下一层额曰"熙春台",联云:"碧瓦朱甍照城郭杜甫,浅黄轻绿映楼台刘禹锡。"柱壁画云气,屏上画牡丹万朵。上一层旧额曰"小李将军画本",王虚舟书;今额曰"五云多处",联云:"百尺金梯倚银汉李顺,九天钧乐奏云韶王淮。"柱壁屏幛,皆画云气④,飞甍反宇⑤,五色填漆,上覆五色琉璃瓦,两翼复道⑥阁梯,皆螺丝转,左通圆亭重屋,右通露台,一片金碧,照耀水中,如昆仑山五色云气变成五色流水,令人目迷神恍,应接不暇。

【注释】

① 露台:指平地上用土石堆砌的高台。

② 方轨:车辆并行。

③ 墄(cè):台阶。

④ 云气:云雾。

⑤ 飞甍(méng):指飞檐。反宇:屋檐上仰起的瓦头。

⑥ 复道:架在楼阁间的空中通道。

廿四桥寻踪

廿四桥即吴家砖桥，一名红药桥，在熙春台后。"平泉涌瀑"之水，即金匮山水，由廿四桥而来者也。桥跨西门街东西两岸，砖墙皮版，围以红栏，直西通新教场，北折入金匮山。桥西吴家瓦屋圩墙上石刻"烟花夜月"四字，不著书者姓名。《扬州鼓吹词序》云：是桥因古之二十四美人吹箫于此，故名；或曰即古之二十四桥。二说皆非。按二十四桥见之沈存中《补笔谈》，记扬州二十四桥之名，曰浊河桥、茶园桥、大明桥、九曲桥、下马桥、作坊桥、洗马桥、南桥、阿师桥、周家桥、小市桥、广济桥、新桥、开明桥、顾家桥、通泗桥、太平桥、利国桥、万岁桥、青园桥、驿桥、参佐桥、山光桥、下马桥，实有二十四名。美人之说，盖附会言之矣。程午桥《扬州名园记》谓后人因姜白石［扬州慢］词"念桥边红药"句，遂以红药名是桥，且谓白石词中"念桥"二字，即古之二十四桥，不知本词云："二十四桥仍在，波心荡，冷月无声。念桥边红药，年年知为谁生。""念"字作"思"字解，是思二十四桥边红药年年为谁生之意耳，非桥名也。

筱园

筱园本小园，在廿四桥旁，康熙间土人种芍药处也。孙豹人[①]有《小园芍药》诗云："几度江南劳客思，今年江北绕花行。便教风雨犹多态，花况好时天更晴。"园方四十亩，中垦十余亩为芍田,有草亭,花时卖茶为生计。田后栽梅树八九亩,其间烟树迷离。襟带保障湖,北挹蜀冈三峰,东接宝祐城②,南望红桥。康熙丙申,翰林程梦星告归,购为家园,于园外临湖濒芹田十数亩,尽植荷花,架水榭其上。隔岸邻田效之,亦植荷以相映。中筑厅事,取谢康乐③"中为天地物,今成鄙夫有"句,名"今有堂"。种梅百本,构亭其中,取谢叠山④"几生修得到梅花"句,名"修到亭"。凿池半规⑤如初月,植芙蓉,畜水鸟,跨以略约⑥,激湖水灌之,四时不竭,名"初月沜⑦"。今有堂南,筑土为坡,乱石间之,高出树杪,蹑小桥而升,名"南坡"。于竹中建阁,可眺可咏,名"来雨阁"。又筑平轩,取刘灵预⑧《答竟陵王书》"畅余阴于山泽"语,名"畅馀轩"。堂之北偏,杂植花药⑨,缭以周垣,上覆古松数十株,名"馆松庵"。芍山旁筑红药栏,栏外一篱界之。外垦湖田百顷,遍植芙蕖,朱华碧叶,水天相映,名曰"藕糜"《毛诗》糜与湄通。轩旁桂三十株,名曰"桂坪"。是时红桥至保障湖,绿杨两岸,芙渠十里。久之湖泥淤淀,荷田渐变而种芹⑩。迨雍正壬子浚市河,翰林倡众捐金,益浚保障湖以为市河之蓄洩,又种桃插柳于堤上。会构是园,更植藕塘莲界,于是昔之大小画舫至法海寺而止者,今则可以抵是园而止矣。是园向有竹畦,久而枯死,马秋玉以竹赠之,方士庶为绘《赠竹图》,因以"筱"名园。庚申冬,复于溪边构小亭,澄潭修鳞⑪,可以垂钓;莲房芡实,可以乐饥。仿宋叶主簿杞漪南别墅之名,名之曰"小漪南"。顾南原学博⑫蔼隶书"夕阳双寺外,春水五塘西"一联,至今尚存。

【注释】

① 孙豹人:即孙枝蔚,号溉堂,陕西三原人,客居扬州。有《溉堂集》。

② 宝祐城：南宋宝祐二年至三年，西淮宣抚使贾似道修缮堡城，故更名为宝祐城。

③ 谢康乐：即晋代谢玄，字幼安，封康乐县公。

④ 谢叠山：即宋代谢枋得，弋阳人，字君直，号叠山。有《叠山集》。

⑤ 规：圆形。

⑥ 略约：又叫"汀步""步石"。

⑦ 泮（pàn）："泮"的古字，半月形的水池。

⑧ 刘灵预：即刘虬，南朝齐人，辞官不就，甘为隐士。

⑨ 花药：即芍药。

⑩ 芹：水芹，为扬州盛产的一种蔬菜，在水中生长，别于北方的芹菜。

⑪ 修鳞：指大鱼。

⑫ 学博：古代泛指学官为学博。

公父名文正，字笏山，江都人，工诗古文词，善书法。康熙辛未进士，仕至工部都水司主事。著有诗文稿。公名梦星，字伍乔，一字午桥，号洴江，又号香溪。康熙壬辰进士第，官编修。著《今有堂集》。诗格在韦、柳之间①，于艺事②无所不能，尤工书画弹琴。肆情吟咏，每园花报放，辄携诗牌酒榼③，偕同社游赏，以是推为一时风雅之宗。

【注释】

① 韦、柳：指唐代著名文学家韦应物、柳宗元。两人诗风相近，又都是中唐诗人，故而并称。

② 艺事：文学艺术之事。

③ 酒榼（kē）：古代一种贮酒器，可以提携。

三贤祠

　　翠霞轩即三贤旧殿。先是祠之建，本于康熙间祀宋韩魏公、欧阳文忠公、太守刁公、王公、苏文忠公于平山堂之真赏楼，以国朝司李王文简公、太守金公、刑部汪公为配。后居民有欧、苏二公及司李王公三贤之请，其时胡庶子润督学江南，为文简辛未会试所得士，有是举而未行。至卢转运莅扬州，乃以文简配两文忠，而诸贤从祧①。自归汪氏，又撤三贤神主②于桃花庵，以殿为园中厅事，旁植牡丹百本，构翠霞轩，联云："日映文章霞细丽元稹，山张屏幛绿参差白居易。"

【注释】

　　① 祧（tiāo）：祭祀。

　　② 神主：死者的牌位。

扬州芍药冠天下

　　瑞芍亭在药栏外芍田中央。卢公转运扬州时，三贤祠花开三蒂，时以为瑞，以马中丞祖常"瑞芍"额于亭，联云："繁华及春媚鲍照，红药当阶翻谢朓。"杭董浦太史有诗云："红泥亭子界香塍，画榜高标瑞芍称。一字单提人不识，不知语本马中丞。"又云："交枝并蒂倚东风，幻出三头气自融。细测天心征感应，为公他日兆三公。"又云："瑟瑟清歌妙入时，雕栏深护猛寻思。可知十万娉婷色，只要翻阶一句诗。"皆志此时胜事也。扬州芍药冠于天下。乾隆乙卯，园中开金带围一枝，大红三蒂一枝，玉楼子并蒂一枝，时称盛事。

巴贞女

巴贞女者，张绪增之子妇也。许嫁未亲迎而张之子死，过门抚前妻之子如己出，或援归震川之说短之。江都焦循作《贞女辨》云：

或谓古无贞女之名，非也。《后汉书·百官志》："三老①掌教化，凡有孝子顺孙、贞女义妇，皆扁志其门以兴善行。"然则今之旌表贞女，自汉已然。或曰古之贞女非今之贞女也，《魏书·列女传》："贞女兕先氏许嫁彭老生，未及成礼，老生逼之，不肯从，被杀。诏曰：'虽处草莱，行合古迹。宜赐美名，号曰贞女。'"则贞女者，非未婚夫死守贞不嫁之谓也。呜乎，引是说者，盖读书不广矣。刘向《列女传》卷四《贞顺传》首列召南申女，称其许嫁于酆，夫家礼不备而欲迎之，不肯往，遂致之狱。作诗曰："虽速我狱，室家不足。"兕先之事，暗与此合。故其时谓之合古迹，以贞女号之。《列女传》又曰："卫宣夫人者，齐侯之女也。嫁于卫，至城门而卫君死。入持三年之丧毕，弟立请曰：'卫小国也，不容二庖，请愿同庖②。'终不听，作诗曰：'我心匪石，不可转也。我心匪席，不可卷也。'③"诗人美其贞一④，故举而列之于诗，此即未婚夫死不嫁者也。兕先合于申女之事，得以贞女名。世之未婚夫死不嫁者，乃不容附诸卫宣夫人之列。说者罪矣！刘向为"鲁诗"学⑤，经之所传，汉儒之所重，可知也。

【注释】

① 三老：古代各郡、县、乡都设有掌管教化的官员。

② 同庖：一起吃饭，指结为夫妻。

③ "我心"四句：出自《诗经·邶风·柏舟》，表达了卫夫人不肯屈志事人的决心。

④ 贞一：守正专一。

⑤ 鲁诗：古代《诗经》的研究分为今、古文两家学派，鲁诗由汉初鲁人所传，称为"鲁诗"。

古之贞女少，今之贞女多，何也？古男女议婚晚，聘与娶一时事，故如卫宣夫人者，偶也。今人龆龀^①议婚，或迟五年，或迟十年，甚二三十年，聘与娶悬隔甚远，其中死亡疾病，自不能免。且古之婚礼以亲迎为定，故曾子问未亲迎以前或遭父母之丧，可以另娶另嫁。亲迎在路，闻婿之父母死，则改服而趋丧。又亲近之日已定而女死，则婿服齐衰^②；婿死，则女服斩衰^③，是古之夫妇以亲迎为定也。今则不然，国律许嫁女已报婚书及有私约而辄悔者笞五十，虽无婚书，但曾受聘财者亦是。一报婚书受聘财，而上以之听民讼，下以之定姻好，不必亲迎而夫妇之分定。古定以亲迎，则未亲迎而夫死，嫁之可也；今定以纳采^④，则一纳采而夫死，嫁之不可也。礼曰：生乎今之世，反古之道，灾必逮夫身。吾为议贞女者危之。

【注释】

① 龆龀（tiáo chèn）：幼年儿童脱去乳牙长出恒齿的时候，童年。

② 齐衰（zī cuī）：丧服名，五服之一，服用粗麻布做成，边要缝齐，服

期为一年。

③ 斩衰：五服中最重的一种。用粗麻布制成，左右和下边都不缝齐，服期三年。

④ 纳采：婚娶六礼之一。男方向女方送求婚礼物。

卷十六　蜀冈录

蜀冈探源

　　蜀冈在大仪乡。顾祖禹《读史方舆纪要》云：蜀冈在府西北四里，西接仪征、六合县界，东北抵茱萸湾，隔江与金陵相对。《洪武·扬州府志》云：扬州山以蜀冈为首。《嘉靖志》云：蜀冈上自六合县界，来至仪征小帆山入境，绵亘数十里，接江都县界，迤逦正东北四十余里，至湾头官河水际而微，其脉复过泰州及如皋赤岸而止。祝穆《方舆胜览》云：旧传地脉通蜀，故曰蜀冈。陆深《知命录》云：蜀冈盖地脉自西北来，一起一伏，皆成冈陵。志谓之广陵，天长亦名广陵，以与蜀通，故云。姚旅《露书》云：《尔雅·释山》谓独者蜀，虫名，好独行，故山独曰蜀。汶上之蜀山，维扬之蜀冈，皆独行之山也。《府志》：蜀冈一名昆冈。鲍照赋"轴以昆冈"，故名。《太平寰宇记》按《郡国志》云：州城置在陵上，《尔雅》云：大阜曰陵，一名阜冈，一名昆冈。鲍照《芜城赋》云："拖以漕渠，轴以昆冈。"《河图括地象》云：昆仑山横为地轴，此陵交带昆仑，故曰广陵也。《平山堂图志》按《朱子语类》云：岷山夹江两岸而行，一支去为江北许多去处，又云：自蟠嶂汉水之北，生下一支，至扬州而尽，正谓蜀冈也。凡此皆蜀冈之见于诸书者也。今蜀冈在郡城西北大仪乡丰乐区，三峰突起，中峰有万松岭、平山堂、法净寺诸胜,西峰有五烈墓、司徒庙及胡、范二祠诸胜,东峰最高,有观音阁、功德山诸胜。冈之东西北三面,围九曲池于其中,池即今之平山堂坞,其南一线河路,通保障湖。

观音香市

土俗以二月六月九月之十九日为观音圣诞。结会上山,盛于四乡,城内坊铺街巷次之。会之前日,迎神轿斋戒祀祷,至期贮沉檀①诸香于布袋中,书曰"朝山进香",极旗章伞盖幡幢灯火傩逐之盛②。土人散发赤足,衣青衣,持小木凳,凳上焚香,一步一礼,诵朝山曲,其声哀善,谓之"香客"。上山路以莲花桥北之观音街为最胜,两旁乞丐成群,名"花子街",街上遍设盆水,呼人盥手,谓之"净水"。十八日晚上山者谓之"夜香",天明上山者谓之"头香"。傩在平时,谓之"香火"③,入会谓之"马披"④。马披一至,锣鸣震天,先至者受福,谓之"开山锣"。杀鸡噀血⑤,谓之"剪生"。上殿献舞,鬼魅离立,莫可具状,日夜罔间,寖⑥以成市,莫可易也。

【注释】

① 沉檀:沉香和檀香混合制成的熏香料。

② 幡幢(fān chuáng):指举行法事活动时使用的旌旗。幡,指垂下的长帛。幢,指竿柱。傩逐:指举行驱鬼仪式时唱的歌。

③ 香火:指主持香火的人。

④ 马披:在迎神赛会时迎神出庙行列中开路的执事。

⑤ 噀(xùn)血:将血含在口中喷出。

⑥ 寖:渐渐地。

大明寺考源

　　法净寺即古大明寺，《宝祐志》云："大明寺即古栖灵寺，在县北五里，又名西寺。寺枕蜀冈，上旧有浮图九级，见于《大观图经》。"《平山堂小志》云："宋孝武纪年，以大明寺适创于其时，故曰大明寺。栖灵之名，见于唐刘长卿诸人诗[①]，似在大明后。《志》云：大明寺即古栖灵寺，则栖灵又似在大明前，未知所据。"释赞宁《高僧传》云："释怀信者，居广陵，初无奇迹。会昌三年，武宗将欲湮灭教法。有淮南刘隐之薄游四明，旅泊之宵，梦中如泛海，回顾见塔一所，东渡，是栖灵寺塔。其塔第三层见信，与隐之交谈，且曰：'暂送塔过东海数日。'隐之归扬州，即往谒信。信曰：'记得海上见时否？'隐之了然省悟。后数日，天火焚塔俱尽。"《嘉靖志》云："宋景纯中，僧可政复募民财建塔七级，名曰多宝。郡守王化基以闻于朝，赐名普惠。既而塔与寺俱圮。又《小志》云：明万历间，郡守吴平山即其址建寺，复圮。崇祯间，巡漕御史杨仁愿重建。本朝顺治间，郡人赵有成捐募增修。康熙间，圣祖赐"澄广"扁及内织绫幡。雍正间，汪应庚再建前殿、后楼、山门、廊庑、庖湢[②]。金坛蒋衡书"淮东第一观"五大字，刻石嵌门外壁上。寺东建藏经楼、云盖堂、平楼。世宗赐"万松月共衣珠朗，五夜风随禅锡鸣"一联。乾隆间，应庚孙立德、秉德于寺西增建文昌阁、洛春堂，上赐"蜀冈慧照"扁，及"淮海奇观，别开清净地；江山静对，远契妙明心"一联，并石刻石经观音像一轴，石刻心经塔一轴，"福"字三个。寺门面南，始于明火光禄文津所辟，前建枋楔，四柱三檐,木皆香材,檐下藏冻雀数万,危若鹊栖,仰如伞盖。下甃白玉石地,古树对立,拏云攫石。两垿墙八字向,右垿西折为平山堂大门,左垿东折,墙上即蒋湘繁所书"淮东第一观"石刻处。门内天王、地藏、三世佛殿、万佛楼,均如丛林制度。殿左古栖灵塔基,即《览胜志》云塔址在今云盖堂是也。殿后为万佛楼五楹。康熙十五年五月朔,江北地震,楼倾,此汪氏复修者。楼后厅事三楹,为方丈,中有老杏一株。诸山皆以是寺为郡中八大刹之首。

【注释】

① 刘长卿:唐代著名诗人,字文房,写有《登扬州栖灵寺塔》一诗:"北塔凌空虚,雄观压川泽。亭亭楚云外,千里看不隔。遥对黄金台,浮辉乱相射。盘梯接元气,半壁栖夜魄。稍登诸劫尽,若骋排霄翮。向是沧洲人,已为青云客。雨飞千栱霁,日在万家夕。鸟处高却低,天涯远如迫。江流入空翠,海峤现微碧。向暮期下来,谁堪复行役。"另李白、高适、白居易、刘禹锡等均有诗作。

② 庖湢:厨房和浴室。

平远楼

平远楼,仿平远堂之名为名也。楼本三层,最上者高寺一层,最下者矮寺一层,其第二层与寺平,故又谓之平楼。尹太守为之记,汪涤崖于此楼画黄山诸峰,称神品。楼后建关帝殿,旁为东楼,楼下便门通小香雪,既题"松岭长风"处。

平山堂

平山堂在蜀冈上。《寰宇记》^①曰：邗沟城在蜀冈上。宋庆历八年二月，庐陵欧阳文忠公继韩魏公之后守扬州，构厅事于寺之坤隅^②。江南诸山，拱揖槛前，若可攀跻，名曰"平山堂"。《寄魏公书》有云"平山堂占胜蜀冈，一目千里"，谓此。此时公携客往游，遣人走邵伯湖折荷花，遣妓取花传客。事载诸家说部中。嘉祐初，公迁翰林学士，知制诰。新喻刘敞知扬州，有《登平山堂寄永叔内翰》诗，公与都官员外郎宣城梅尧臣俱有和诗。八年，直史馆丹阳刁约自工部郎中邻府事，堂坷复修，又封其庭中为行春台，察访使钱塘沈括为之记。熙宁四年，苏文忠公过广陵，有《会三同舍》诗。登州王居卿知扬州，文忠去杭州知密州任，过扬州，有平山堂唱和诗。元丰三年，自熙城移守吴兴，过扬州，有《西江月》词。盖距颍州陪宴时将十年。公卒于熙宁五年，故有"三过十年"之语^③。及元祐七年，文忠知扬州半载，改兵部尚书，有《游蜀冈送李孝博》诗，独无平山堂诗，后人疑其集中失载。

【注释】

① 《寰宇记》：即《太平寰宇记》。宋乐史撰，叙宋朝初期地理情况甚详，共193卷。

② 坤隅：西南方。坤在八卦中的位置为西南角。

③ 三过十年：语出苏轼《西江月词》："三过平山堂下，半生弹指声中，十年不见老仙翁。"

绍兴末，堂圮。隆兴元年，长兴周淙由濠梁守进徽猷阁帅维扬，复修，鄱阳洪迈为记。淳熙间，龙图赵子濛加修，承宣郑兴裔更创而大之。开禧间，堂圮。其间郭倪知扬州，吏部阎苍舒赠诗云："平山堂上一长叹，但有衰草埋荒丘。欧仙苏仙不可唤，江南江北无风流。"是也。嘉定三年，大理少卿赵师石除右文殿修撰，起帅维扬复修。宝庆间，史岩之加修。绍定四年，李全宴北使于是①。景定初，李庭芝主管两淮制置司时，元兵至，构望火楼②于是，张平弩以射城中。庭芝乃筑大城包之，名曰平山堂城，自是平山堂入城中。鲁�谓淮东扼要有六：海陵、喻口、盐城、宝应、清口、盱眙，皆以扬州为根本。根本之地，蜀冈也。扬州城隍杂见于《寰宇记》《汉书·地理志》《水经注》《名胜志》《宋名臣言行录》诸书，陆无从考之甚详，而贾秋壑所谓包平山而瞰雷塘者，仅传李庭芝平山堂城，余概不可得而考。

【注释】

① 李全：金末"红袄军"首领之一，后兵败投降蒙古。绍定四年正月，李全在平山堂设宴招待北使，被赵范、赵葵所率宋军诱杀。

② 望火楼：瞭望塔。

山堂历元明两朝，兴废亦不得其详，惟元季孝元诗有"蜀冈有堂已改作"句，舒颐诗有"堂废山空人不见"句，赵汸有《登平山堂》诗，迨前明诸家诗文，多不及此。万历间，乌程吴平山领郡事重修，司李章丘赵拱极为记。

本朝康熙元年改为寺，十二年，山阴金长真镇知扬州府事，舍人汪蛟门懋麟修复平山堂。堂之大门仍居寺之坤隅，门内种桂树，缘阶数十级上行春台,台上构厅事,额曰"平山堂"。时萧山毛奇龄、宁都魏叔子、郡人宗观及长真、蛟门皆有记。会太守迁驿传道,十四年过郡。蛟门拓堂后地建真赏楼,楼下为晴空阁,楼上祀宋诸贤,堂下为讲堂,额其门曰"欧阳文忠公书院"。乾隆元年汪应庚重建,增置洛春堂,又于堂西建西园。自是改门额为"平山堂",书院之名始革,此山堂兴废之大略也。本朝圣祖赐"平山堂""贤守清风""怡情""澄旷"四匾,上赐"诗意岂因今古异,山光长在有无中"一联,"时和笔畅"四字,临定武兰亭卷、梅花扇生秋诗草书一卷,今皆石刻供奉山堂中。

无双琼花

洛春堂在真赏楼后,多石壁,上植绣球,下栽牡丹。洛春之名,盖以欧公《花品叙》有"洛阳牡丹天下第一"之语,因有今名。郡城多绣球花,恒以此配牡丹。绣球之下,必有牡丹,牡丹之上,必有绣球,相延成俗,遍地皆然。北郊园亭尤甚,而是堂又极绣球牡丹之盛。绣球种名不一,有名聚八仙者,昔人又因有琼花为聚八仙者,遂相沿以绣球为琼花。府志中有《琼花考》,其中引据诸书,如《方舆纪要》《历朝府县志书》《齐东野语》、杜斿《琼花记》、郑思肖《诗序》、宋次道《春明退朝录》、宋景文《笔记》、葛常之《韵语阳秋》、康骈《剧谈》、杨慎《墐户录》、胡应麟《说薮》、瞿佑《吟堂诗话》、王阗之《渑池笔谈·代醉编》、宋张开、元郝经《琼花赋》二序①,可谓广搜博采,而周必大《玉蕊辨证》、周煇《清波杂志》、张淏《云谷杂编》三书②,未之采也。《玉蕊辨证》所引据,自《春明退朝录》始断以琼花为玉蕊,《云谷杂编》兼引宋景文《摘碎》、姚令威《西溪丛语》、曾端伯《高斋诗话》、杨汝士《与白二十二帖》、程文简《雍录》、洪文敏《容斋随笔》、李肇《翰林志》、《贾氏谈录》、李德裕、刘禹锡、白乐天文集诸书③，皆折衷辨证琼花以玉蕊为断，而玉蕊以《翰林志》《谈录》二书为断。所谓玉蕊，每附萼上花分五朵，实同一房，谓之连房玉蕊，则琼花之为玉蕊而断非绣球可知矣。郡中既以绣球为琼花，而绣球牡丹栽同一处，如桃花杨柳之不可离。而《清波杂志》中并琼花牡丹合为一条考证，绝类今人合绣球牡丹为一局之意。煇且自云煇家海陵，其时海陵隶扬州，视为乡里，则其扬州习气未除，已可概见，又安知周煇不且以琼花为绣球耶？

【注释】

①《方舆纪要》：清代顾祖禹撰，全名《读史方舆纪要》，对地理山川形势多有考订。《齐东野语》：宋周密撰，二十卷，多记南宋旧事。杜斿（yóu）：宋人，字叔高，金华人，曾任秘阁校雠。郑思肖：宋人，字所南。宋次道：即宋敏求，宋人。宋景文：即宋祁，宋人，字子京，曾任翰林学士承旨，卒谥景文。葛常之：即葛立方，宋人，字常之，曾任吏部侍郎。康骈：唐人，字驾言，曾任崇文馆校书郎。杨慎：明人，字用修，号升庵，曾任经筵讲官。胡应麟：明人，字元瑞，兰溪人。瞿佑：明人，字宗吉，钱塘人。王阐之：宋人，字圣途，青州人。

②周必大：宋人，字子充，号平园老叟，庐陵人。著有《平园集》二百卷。周煇：宋人，字昭礼，淮海人，所作《清波杂志》述南宋旧事。张淏：宋人，字清源，开封人。

③姚令威：即姚宽，宋人，字令威，著有《西溪丛语》三卷。曾端伯：即曾慥。宋人，字端伯，号至游居士。杨汝士：唐人，字慕巢，曾任刑部尚

书，与元稹、白居易有诗文唱和。程文简：即程大昌，宋人，字泰之，休宁人，官至龙图阁学士，卒谥文简。洪文敏：即洪迈，宋人，字景卢，官至端明殿学士，卒谥文敏。李肇：唐人，曾任将作少监。《贾氏谈录》：宋张洎撰。张洎，宋人，字思黯，全椒人，南唐时曾任知制诰中书舍人，入宋官至参知政事。

两处"天下第五泉"

是园以泉胜，蜀冈中峰之泉，见于阎九经《隐语记》。考张又新《煎茶水记》，以"天下第五泉"久已无考，迨张邦基《墨庄漫录》，有塔院西廊井及下院蜀井之分，是则大明寺水本有二泉。《小志》云：明僧沧溟掘地得泉，并有大明禅寺碑，火光禄建亭，金知府重修，此梅花厅旁石隙中井也，是时蜀冈仍是一泉。及《揽胜志》云：应庚凿山池，得古井，中有唐景福钱数十，古砖刻"殿司"二字，谓为《墨庄漫录》之塔院井，此覆井亭中之井也。至是蜀冈始有二泉。盖蜀冈本以泉胜，随地得之，皆甘香清洌，故天下高山易无水，蜀冈乃为贵耳。是地覆井亭中之泉，不必据为古之塔院真迹，而梅花厅旁石中之泉，不必据为沧溟所得。总之大明寺水自与诸水不同也。

"天下第五泉"石刻

覆井亭在池中，高十数丈，重屋反宇，上置辘轳，效古"美泉亭"之制。先是雍正辛亥间，王虚舟为马秋玉书"天下第五泉"五字，欲嵌入小玲珑山馆廊下旧泉之侧，忽为刘景山索去。迨应庚建是园得泉,遣人往索虚舟书。时虚舟痔作不得书,因命来者往惠山歇马亭拓其少时所书"天下第二泉"石刻,即以"二"字改"五"字,故是地"天下第五泉"石刻之字与惠山同。

贪财失妻

东关街鞋工郭宗富,娶妻王氏,美而贤。里中少年储淳羡之,以金啖其邻孙妪。妪为之谋,劝郭贷储家金自开铺。郭谋之妻,王曰:"此恶少年,不可贷也。"郭遂谢妪。越数日,郭暮归,妪牵衣入室,值储在,妪曰:"储君念尔贫,愿以金借尔。"郭甫谢,而储银已出怀袖纳入郭怀,共饮而散。郭归语于王,王曰:"物各有主,何其易也。易则恐其变生。奸人叵测,我虑滋甚。"郭犹豫未决。及早,储候于门,携之出为营廛舍①,肆遂成。

【注释】

① 廛(chán)舍:平民的住房。

一日,储伺王入灶间,猝入户以手拍其肩曰:"饭熟否?"王回顾见储,大呼杀人。妪入谓王曰:"储相公手无寸铁,何云杀人?且尔家贷他银,无笔券,正为尔今日之事。事已成,尔焉逃?"王改容曰:"适杀人之语戏也。"以好语缓之,乘间猝出户呼救。邻人夏子筠闻而来,储遂逸去。及郭归,王以实告,郭曰:"贷人者受制于人,忍之可也。"诘朝①郭出,王忿恚②,闭户自缢死。郭归殓之,而未闻之于妇家也。

【注释】

① 诘朝：清晨。

② 忿恚：怨恨。

王父名鹏飞，为金坛县皂隶，贫甚。越二年，渡江视女，至则死矣。问之邻妇孙姬。姬曰："是郭殴死。"复问之夏，夏不言。遂诉之官，呈结请检。时盛暑，甘泉署令王公验报勒伤，郭将伏法。值原令龚公回县，复谳①其事，以郭罪无可辨而夏言含糊，因细鞫②子筠，子筠畏事不吐。越二日天雨，忽雷霆击孙姬于县之西街客舍中。公曰："冤将申矣。"乃刑夹子筠，储事遂败，申请复验，得缢伤，寘③储极刑。详求题旌，祀之于贞烈祠，遂移葬于五烈墓侧。龚公名鉴，字龄上，一字明水，号硕果，浙江钱塘人。幼以孝闻，以拔贡知甘泉县，书"此之谓民之父母"七字悬于堂。邃于经学，以安溪李文贞公为宗。

【注释】

① 谳（yàn）：审判。

② 鞫（jū）：审讯。

③ 寘（zhì）：处置、安排。

扬州五司徒

五司徒庙在西峰。《南史·王琳传》云：琳赴寿阳，城陷被执，陈将吴明彻杀之城东北二十里，传首建康，悬之于市。琳故吏梁骠骑府仓曹参军朱玚致书陈尚书仆射徐陵求琳首，许之。与开府主簿刘韶慧等持其首还于淮南,权瘗八公山侧①。扬等乃间道北归,别议迎接。寻有扬州茅智胜等五人密送丧枢达于邺。《增补搜神记》云:扬州英显司徒茅、许、祝、蒋、吴五神君,居扬州日,结为兄弟,好畋猎。其地旧多虎狼,人罹其害。山溪畔遇一老妇,五神询问,孑然无亲,饥食溪泉。五神请于所居之庐,呼为母。侍养未久,五人出猎,而归不见其母。五人曰:"多被虎唼。"俱奋身逐捕山间,有虎迎前,伏地就降,由此虎患始息。后人思其德义,立庙祀之。凡所祈祷,随求随应。庙今在江都县东兴乡金匮山之东。至隋时,封司徒庙加号。宋绍定辛卯,逆贼李全数来寇境,祷于神,不吉,以神像割剖之。不三日,全被戮于新塘,肢散落,犹全之施于神者。贼平,帅守赵范亲率僚属致享祠下,以达神贶②,扩其庙而增广之,录其阴助之功,奏请于朝,赐庙额曰"英显"。后平章贾似道来守是邦,有祷于神前,遇旱暵③则飞雨,忧霖则返照,救焚则焰灭,散雪则瑞应,其护国佑民,无时不显。复为奏请,加封王号。陆容《菽园杂记》:广陵之墟,有五子庙,云是五代时群盗,尝结义兄弟,流劫江淮间,衣食丰足,皆以不及养其父母为憾,乃求一贫妪为母,事之至孝。凡所举动,惟命是从。因化为善,乡人义之。殁后且有灵异,因为立庙。《揽胜志》云:司徒庙迹莫考。《搜神》《菽园》所载,似属俗传。证以《南史》,于理颇合,未敢臆断,故存以俟考。《小志》云:江都有庙,不知始自何时。元江淮路总管成铎题其碑曰"司徒灵显感应之碑",而无碑文。《万历江都县志》:洪武十六年重建,正统、成化间,相继修理。嘉靖六年,巡盐御史雷应龙毁之,立胡安定祠。后土人复立庙于祠东。又《小志》云:明正德、万历间,皆尝重修。右都御史金献民、扬州郡守吴秀皆有记。国朝康熙三十一年,县令熊开楚因旱祷雨有应,为立庙碑。雍正十一年,春雨浃旬④,郡守尹会一过庙祈晴立霁。入夏弥月不雨,又虔祷于庙,甘雨大沛,因陈牲昭报,并檄行县,令每岁春秋,永远致祭。又按《南史》称扬州茅智胜,而《通鉴》作寿阳,盖尔时寿阳隶扬州淮南郡,而今之扬州,则东广州广陵郡也。寿阳在晋、宋间或为扬州,或为豫州。梁太清二年,属魏称扬州,北齐因之。琳事在齐武平四年,此后寿阳遂为陈有,复称豫州矣。场等虽致琳首还寿阳,权瘗于八公山侧,而未能即持其丧至邺,方间道北归别议,而五人乃能场等之所不能,其义烈有足多者。琳前镇寿阳,颇多遗爱,此五人实寿阳之义民。今乃不祀于寿阳,而扬州为立庙,岂神所歆哉?扬州地势平衍,而寿阳多山,即以驱虎事言之,亦不当误以寿阳为今之扬州也。《增补搜神》及《菽园》二记所载,皆无足置辨。

【注释】

① 瘗(yì):掩埋。

② 贶(kuàng):赠赐。

③ 旱暵(hàn):天不降雨而又干热。暵,干枯。

④ 浃(jiā)旬:一旬,十天。

卷十七　工段营造录

卷十八　舫匾录

舫匾大观

扬州画舫，始于鼓棚。鼓棚本泰州驳盐船[①]，至朽腐不能装载，辄牵入内河。驾以枋楣橡柱，大者可置三席，谓之大三张，小者谓之小三张。驳盐船之脚船[②]，枋楣橡柱如瓜蓏[③]架者，谓之丝瓜架。木顶船谓之飞仙，制如苏州酒船，本于城内沙氏所造，今谓之沙飞，皆用篙戢[④]。沙飞梢舱有灶，无灶者谓之江船，用橹者为摇船，前席棚后木顶者谓之牛舌头。用桨者为划子船，双桨为双飞燕，亦曰南京篷，杭堇浦《道古堂集》中所谓"八柱船开荡桨斜"，谓此。沙飞重檐飞橹，有小卷棚者谓之太平船，覆棕者为棕顶，以玻璃嵌窗者谓之玻璃船。至于四方客卿达官以及城内仕宦向有官船，皆住北门马头，非游人所得乘也。

【注释】

① 驳盐船：用于运输盐的货船。

② 脚船：小船。

③ 蓏（luǒ）：草本植物的果实。

④ 戙（dòng）：一种类似于篙的驾船工具。

顺治间舫匾

笔锭如意、胡敬德洗马　小秦王跳涧前明湖中游船，谓之游湖船，船皆有扁，扁上皆用绘事，式如句容剃头担等发盘上绘事①。至康熙中，乃易佳名。此三扁尚为前明舫扁，李啸村得之于天宁门街骨董铺中。

康熙间舫匾

卢大眼高棚子棚子即大三张，其时画舫无考，惟卢大眼以贩盐犯罪，改业为舟子，故至今称之。　红桥烂大三张无灶，惟此船设茶灶于船首，可以煮肉。自马头开船，至红桥则肉熟，遂呼此船为"红桥烂"。　芙蓉舟　虎头牌船户之面如是，在便益门马头。　一脚散是船极薄，人以是语笑之，船遂得名。

雍正间舫匾

平安吉庆自国初至此，以绘事为扁，此为硕果耳。　野乐、水马舫扁书嘉名自此始，二字本张芝叟"小舟胜养马"句。　胜景游　王家富丝瓜架自舫扁书嘉名，凡船皆用粉扁②，以待游人题名；无人题者，皆以舟子之名呼之。　曹世芳丝瓜架

乾隆间舫匾

双柿　扇面二者皆舫扁式也，因无人题，遂以扁式呼之。　乐也　一条樑船底用一木，此江船制法也，摇船自此入内河。　平山堂　季元普此舟子名也。三字笔势遒劲，不知何人所书。　莲舟　殷实舟　太平船　太平舟　锦春游　富春游舫扁至此，渐有佳名，此皆丁丑以前之船。迨丁丑后，凿莲花埂，浚河通平山堂，遂为巨津。画舫日增，马头分焉，故丁丑③后画舫，另分之于十二马头。

高桥舫匾

星槎　乘龙　发财　凌风舸　如意船　相江行　空明舟　大如意船　雪篷烟艇　花月双清　菊屿荷塘　且暂萧闲　李家大三张　王林丝瓜架　李三划子船　高二划子船　王

三西饼船　王七虎大三张　潘寡妇大三张　陈三驴丝瓜架　冷大娘丝瓜架　桃花庵划子船　黄毛毛匠大三张

便益门舫匾

分波　水仙　载鹤　镜中游　碧湖春　锦湖行是舫有郑板桥联句云："摇到四桥烟雨里，拨开一片水云天。"　黄金锭　如意舟　便宜船　春蕙舫　驾云游　彩鹢舟　夺金魁　驾叶舟　衣香　人影　元宝丝瓜架　宋上桥丝瓜架　何奶奶划子船　小张二大三张　大张三大三张　小张三大三张小张三即大张三之子，是二船本一船也。　骆家酒店划子船

广储门舫匾

代步　依李　大发　一舸　寻春　大元宝　第一舟　黄花舟　沙棠舟　可以游　吉祥舟　满天星舟子名。　明月舟　宋七江船　孙划子船　飞江江摇船　王家沙飞船　孔五牛舌头　一搠一个洞是船本 "小秦王跳涧"，至是已朽，李复堂题此五字，遂得名。　王奶奶划子船　马回子牛舌头　方世章大三张　沈胡子草上飞　王氏兄弟划子船

天宁门舫匾

舫如　扁舟　观流　舫居　问虹　飞虹　一方　栖云　代步　问渠　友溪　太平舟　太平船　如意舟　得意舟　下鸥舫　镜中行　歌峡舫　不系园　飞湖引　水云天《梦香词》云："扬州好，画舫是飞仙。十扇纱窗和月淡，一枝柔橹拨波圆。人在水云天。"　富春舟　书石舟　剡溪舟　罂藏舟　锦春游　天受引　落霞孤鹜　小太平船　王七江船亦名水马，已无其扁。　袁九大马溜　落日放船好　顾家飞云罩　王奶奶划子船　薛二和尚牛舌头　孙二侉子大摇船　曹大宝官划子船

北门舫匾

静观　四桨西洋船是二船皆官船，北人谓之水住房，南人谓之水公馆，非达官不能乘，故每闲泊屿渚，以资榜人④昼眠。　蓬莱　系园　带月　访戴舟子汤酒鬼，卯饮午醉，醉则睡，睡熟则大呼酒来。故每载人至夜归，皆舟中客理篙楫，至岸杯盘狼藉，任客收拾，惟闻船尾鼻息齁齁而已。田雁门为题是匾。　翔凫　艑舟　宛在水月　鸣鹤　云鳌　一叶　轻舫　野航原诗本"野艇却受两三人"，以航为大舟，不止受两三人，见《清波杂志》。是匾以误传误耳。　却受　容与　欸乃　一苇　渠花牒　康乐舟　昌龄舟　小自在　映花游　金沙舟　苏石舟　书画舫　米家船　青雀舫词人方竹楼尝题黄秋崖妻吴静娴《秋山读书图》云："几番幽访，携上晴湖青雀舫"，即此。　歌峡舫　水一方　季卿叶　宝卿叶　孔三张此大三张也，中有孔东塘书"壶觞须就陶彭泽，风俗犹传晋永和"一联。　合漏船是船二人合撑，因有是名。　余家玻璃船　赵家划子船　汤家划子船　笏板丝瓜架　棕顶沙飞船顶上以棕覆子。　唐寡妇划子船　许椿子划子船　韩钱氏划子船是妇以债结讼，共传为韩钱氏，遂呼是名。　十七点划子船舟子某以十七点得会金，乃造是船，遂名。　叶道人双飞燕是船亦名南京凉篷。道人上元人，四十不茹荤，五十辟谷，方笠白袷，打桨白蘋红蓼间，旁右无人。　南京老唐凉篷，慧因寺智慧舫　关帝庙划子船僧平川之舟。　莲性奇玻璃僧传宗之舟。　陶肉头没马划子船是船夜宿渚屿，日驾游人，特马头船数足额，不能在岸招客，惟于湖中觅生计耳。时人嗤之，谓之肉头⑤，即以没马头之名呼其船也。

小东门舫匾

是地画舫本二十有七，今增至三十有三，其六船无匾，舟子姓名亦不可考。步月　仙楼　同春　驾云　舫如　小天游　一卷书　玻璃船　太平船　百花舟　白云舟　百花洲　且逍遥　暂萧闲　固始牒　烟波画船　谢氏划子船　洗澡划子船　余家划子船　姜茶

炉江船　俞家私盐船此外河私盐船,归坞变价,牵入内河者。　沈金镯划子船　刘大镯划子船以泥金涂栏干上连环,谓之金镯。是门划子船,以此为胜。　金教官雪上船此棕亭先生画舫也。　陈妙常牛舌头舟子陈七,美丰姿,时人呼为陈妙常。　苏高三划子船　王寡妇七号划子船　烟月舫

大东门舫匾

芥隐本宋龚颐正书室名,有"芥隐笔记卷子"。　观澜　画舫　大发财　玉镜光　天然图画　郑家蒲鞋头亦名关快,关快即浒墅关快船也。

南门上下两马头舫匾

泳庵郑氏影园舟名。　听箫　却要北门有"却受"舫扁,此改"受"为"要",考昔李庚有女奴名却要,可知此二字出处。　有余　元宝　冶春　迪吉　载鹤　飞云　鹤航　南浦　借厨　春螺　云淡　福云舟　驾叶舟　志和舫　采珠游　西溪行　一湖春色　何消说江船舟子与人言,以"何消说"三字作助语词,时人讥之,遂以此名之。　五四划子船,通天篙楼船　江府大三张有高西园书"桐间月上柳下风来"横扁。　九峰园　彩舫

西门舫匾

飞鸿　百福　移园　梳烟　春才　春财　一叶　法二　划子船　陈家小三张　高二　小三张

虹桥舫匾

流霞　观涛　鸣鹤　陈胡子饼船　孔大芹菜船　王家　灰粪船船长三丈,阔五尺,以载灰粪为生。惟清明节、龙船市洗净载入,间逢司徒庙演戏,则载戏箱。　桃花庵划子船庵中道人陈大驾是舟,牛湘南太守为之修艗。陈大死,其子苟子秀出,打桨如飞。

平山堂舫匾

元宝　童奶奶丝瓜架　法净寺五泉水船

【注释】

① 绘事:绘画。

② 粉扁:涂成白色的舫匾。粉:涂饰,粉饰。

③ 丁丑:即乾隆二十二年(1757),是年为方便乾隆乘船前往平山堂,开莲花埂新河。

④ 榜人:船夫,舟子。

⑤ 肉头:方言,傻瓜。